Le portfolio

Évaluer pour apprendre

Louise Dore

Nathalie Michaud

Libérata Mukarugagi

Chenelière/McGraw-Hill

MONTRÉAL • TORONTO

Le portfolio
Évaluer pour apprendre

b 23784443x

Louise Dore, Nathalie Michaud, Libérata Mukarugagi

© 2002 Les Éditions de la Chenelière inc.

Coordination : Josée Beauchamp
Révision linguistique : Nicole Blanchette
Correction d'épreuves : Isabelle Rolland
Couverture et conception graphique : Josée Bégin
Infographie : Louise Besner/Point Virgule
Illustrations : François Boutet

Remerciements

Pour leur précieuse collaboration, nous tenons à remercier nos amies et collègues Monique Ratté Lemaire, Céline Lachapelle, Nathalie Talbot, Lucette Leclerc, Syndie Hébert, Sandra Jean, Sandra Rosenberg, Nancy Bérubé et Christiane Dakin-Côté.

Nous désirons également adresser un merci tout particulier à nos proches qui nous ont apporté un soutien précieux tout au long de l'accomplissement de cet ouvrage.

L'équipe d'auteures

Données de catalogage avant publication (Canada)

Dore, Louise

Le portfolio : évaluer pour apprendre
(Chenelière/Didactique)

Comprend des réf. bibliogr.

ISBN 2-89461-532-9

1. Portfolios en éducation. 2. Apprentissage – Évaluation. 3. Élèves – Autoévaluation. 4. Évaluation en éducation. I. Michaud, Nathalie, 1968- II. Mukarugagi, Libérata. III. Titre. IV. Collection.

LB1029.P67D67 2002   371.27   C2002-940203-4

Chenelière/McGraw-Hill
7001, boul. Saint-Laurent
Montréal (Québec)
Canada H2S 3E3
Téléphone : (514) 273-1066
Télécopieur : (514) 276-0324
chene@dlcmcgrawhill.ca

ISBN 2-89461-532-9

Dépôt légal : 2e trimestre 2002
Bibliothèque nationale du Québec
Bibliothèque nationale du Canada

1 2 3 4 5 A 06 05 04 03 02

Dans cet ouvrage, afin d'alléger le texte, le masculin a été utilisé, sauf pour le terme enseignante. La lectrice et le lecteur verront à interpréter selon le contexte.

Nous reconnaissons l'aide financière du gouvernement du Canada par l'entremise du Programme d'Aide au Développement de l'Industrie de l'Édition (PADIÉ) pour nos activités d'édition.

L'Éditeur a fait tout ce qui était en son pouvoir pour retrouver les copyrights. On peut lui signaler tout renseignement menant à la correction d'erreurs ou d'omissions.

371.27
.D67
2002

DANGER

LE PHOTOCOPILLAGE TUE LE LIVRE

Table des matières

Introduction IV

Chapitre 1

L'évaluation des apprentissages :
de la théorie à l'utilisation du portfolio 1

La démarche évaluative 2

Le lien entre la démarche évaluative
et le portfolio 3

L'évaluation authentique 6

La métacognition et l'autorégulation 9

Chapitre 2

L'autoévaluation et la coévaluation :
deux pratiques indissociables liées au portfolio . . 11

L'autoévaluation et le portfolio 12

La coévaluation 16

Chapitre 3

Le portfolio : de la définition du concept
à son application en classe 19

L'appropriation du concept 20

L'implantation et l'utilisation du portfolio 25

Les rencontres liées au portfolio 40

Les effets de l'utilisation du portfolio en classe 47

Conclusion 50

Annexe 1 51

Annexe 2 113

Bibliographie 145

Introduction

Le portfolio est un outil couramment utilisé par les artistes de différents domaines. Un peintre, par exemple, réunit ses meilleures œuvres dans un portfolio afin de les présenter à des clients potentiels. En plus des réalisations choisies par l'artiste pour se décrire et décrire son art, le portfolio peut contenir des publicités parues dans les journaux, une liste de galeries ayant exposé ses œuvres, des catalogues déjà publiés, des lettres d'appréciation, etc.; bref, tout élément pertinent pouvant servir à faire apprécier son travail. Le portfolio est en quelque sorte le curriculum vitæ de l'artiste; on y retrouve des traces de son cheminement utiles au moment de préparer une exposition rétrospective, par exemple, ou de constituer un catalogue.

L'utilisation du portfolio dans le domaine scolaire est relativement nouvelle. Le concept de garder des traces signifiantes au fil des productions s'applique bien en situation d'apprentissage et sert bien, entre autres, l'objectif de conserver un portrait du cheminement de l'élève. Comme l'artiste, l'élève tire une grande fierté de son portfolio; c'est son œuvre, ce sont ses réalisations. Son portfolio constitue un outil qui lui permet, avec l'aide de son enseignante, de faire un bilan rétrospectif de ses apprentissages.

Les expérimentations sont assez fréquentes dans le milieu scolaire. C'est d'ailleurs ainsi que le portfolio a fait son entrée à l'école. Malheureusement, le suivi parfois peu adéquat de ces expériences peut laisser plusieurs questions sans réponse, ce qui démoralise certaines enseignantes — et, heureusement, en pousse d'autres à agir. Malgré certaines réticences du milieu scolaire, le portfolio s'intègre progressivement dans les pratiques évaluatives. Certaines enseignantes constatent qu'elles appliquaient déjà les principes du portfolio dans leur enseignement. D'autres le considèrent comme une nouveauté en évaluation imposée par la réforme. Pour d'autres encore, il s'agit d'une simple mode en évaluation des apprentissages, appelée à passer rapidement. Dans ce contexte, il apparaît urgent d'intervenir pour donner un sens au portfolio à l'école et éviter qu'on ne rejette cet outil avant d'en connaître tous les avantages sur le plan de l'apprentissage.

À l'heure actuelle, les enseignantes et les directions d'école se posent beaucoup de questions au sujet du portfolio. Le but de cet ouvrage est de partager notre expérience afin de contribuer à l'avancement des pratiques évaluatives en lien avec le portfolio.

Toutefois, avant de nous questionner sur la valeur du portfolio comme outil d'apprentissage et d'évaluation et sur son utilisation en classe, faisons une mise au point sur nos pratiques actuelles en évaluation.

Mise au point des pratiques évaluatives actuelles

Malgré ce que préconise la réforme de l'école québécoise, les discussions en matière d'évaluation des apprentissages tournent souvent autour des notes attribuées à l'élève (pourcentage, moyenne, rang cinquième, conversion et modération des notes, etc.), de l'utilisation de cotes, du bulletin descriptif...

Ces discussions nous détournent des vrais enjeux d'une évaluation intégrée au processus d'apprentissage. Selon Charles Hadji (1997), «plutôt que de succomber au mythe de la note "vraie", ne vaut-il pas mieux se centrer sur ce à quoi sert (ou devrait servir!) l'évaluation quand elle s'intègre au processus de formation?»

De façon générale, des parents s'inquiètent et sonnent l'alarme. Voici quelques commentaires de parents :

⌇ «[...] pour quand une évaluation de fin d'étape qui tient compte des succès de l'enfant et non pas de ses faiblesses?...»

⌇ «[...] le portfolio, le connaissez-vous?»

⌇ «[...] la rigueur en évaluation est un parent pauvre de notre système.»

⌇ «[...] quant aux débats entourant l'utilisation des cotes ou des notes, c'est complètement déplacé puisque ce faux débat nous éloigne des réels enjeux.»

Ainsi, on peut voir que des parents commencent à comprendre que l'utilisation des notes et des pourcentages n'est pas l'essentiel de l'évaluation des apprentissages. Dans le même ordre d'idées, Gérard de Vecchi (1992) fait remarquer qu'on peut s'opposer aux notes ou aux cotes, mais qu'on peut difficilement s'opposer à l'évaluation. En effet, la mission première de l'évaluation est d'améliorer les apprentissages et de s'assurer de leur qualité.

L'évaluation telle qu'on la pratique actuellement soulève beaucoup de questions dans le milieu scolaire. Les questions suivantes méritent une réflexion particulière.

⌇ On peut toujours demander au personnel enseignant de porter un jugement sur les apprentissages de l'élève. Cependant, sur quoi ce jugement doit-il se baser? Quels outils peuvent aider les enseignantes à porter ce jugement?

⌇ Si on admet que l'élève est au cœur de ses apprentissages, il faut s'assurer de lui laisser la place qui lui revient dans l'évaluation. Comment alors amener l'élève à s'engager dans l'évaluation de ses propres apprentissages?

⌇ Peut-on obtenir la complicité de l'élève dans la présentation de son bulletin à ses parents?

⌇ Quel est le lien entre le bulletin et le portfolio?

⌇ Peut-on aider l'élève à se constituer des outils pour présenter son bulletin à ses parents?

- Peut-on évaluer autrement que par des tests écrits ?
- Est-ce nécessaire de réserver deux semaines aux tests de fin d'étape ?
- Est-ce possible de constituer un dossier qui renseignera les enseignantes de l'équipe-cycle suivante sur l'état des apprentissages d'une ou d'un élève afin d'en assurer le suivi ?
- Est-ce possible de constituer un dossier afin d'aider une enseignante à orienter son action de remédiation ?
- Lors de la préparation à une épreuve de synthèse, quels sont les outils qui peuvent aider l'élève à s'autoquestionner ?
- Peut-on évaluer l'élève en le responsabilisant et en le motivant ?
- Peut-on rendre l'élève témoin de ses apprentissages ?

Les premières personnes qui ont implanté le portfolio dans leur salle de classe parce qu'elles croyaient à son utilité ont cherché à répondre à ces questions. Leur souci d'amener l'élève à s'engager dans ses apprentissages a provoqué une remise en question de leurs pratiques évaluatives. Le portfolio, sans être une solution magique, a su répondre à leurs besoins.

Pourquoi un livre sur le portfolio à l'école ?

Ce livre est l'aboutissement d'une expérience passionnante vécue en situation de classe où nous avons su, en tant qu'enseignantes, démythifier l'évaluation des apprentissages. Nous avons redonné à l'évaluation sa mission première, qui est de stimuler l'apprentissage et de guider l'évolution de l'élève. Dans notre pratique, l'évaluation est devenue autant l'affaire de l'élève que la nôtre. Notre objectif est de redéfinir le rôle du portfolio dans la démarche évaluative et dans le processus d'apprentissage et d'évaluation en général.

Dans le premier chapitre, nous ferons le lien entre la démarche évaluative et la logique du portfolio. Nous décrirons le rôle du portfolio dans des situations d'évaluation authentique. Nous mettrons l'accent sur l'utilisation du portfolio pour évaluer le processus d'apprentissage.

Le deuxième chapitre présente la coévaluation et l'autoévaluation comme des habitudes à développer chez l'élève. Le portfolio vient aider à gérer les outils et les traces qui résultent de ces pratiques évaluatives.

Enfin, dans le troisième chapitre, nous définirons ce qu'il est convenu d'appeler le *portfolio* en évaluation des apprentissages. Nous verrons en détail les éléments qui entourent l'implantation et la constitution du portfolio. Nous décrirons les différentes rencontres possibles autour du portfolio ainsi que les rôles et les responsabilités des intervenants dans le portfolio. Pour terminer, nous ferons ressortir les effets de son utilisation en classe.

Nous espérons que cet ouvrage saura démontrer aux enseignantes qu'il est possible d'évaluer les élèves tout en les motivant.

L'équipe d'auteures

Chapitre 1

L'évaluation des apprentissages : de la théorie à l'utilisation du portfolio

La démarche évaluative

L'évaluation est une démarche intégrée au processus d'apprentissage qui respecte les étapes suivantes :

- l'établissement de l'intention visée par l'apprentissage ciblé et les critères d'évaluation ;
- la mesure ou la collecte de l'information ;
- l'analyse et l'interprétation de l'information ;
- le jugement sur la progression de l'apprentissage visé ;
- les décisions quant aux actions à poser.

Malheureusement, on se limite trop souvent à la mesure, c'est-à-dire aux résultats de la mesure. On ne prend pas le temps d'analyser et d'interpréter les résultats d'une façon efficace, c'est-à-dire qui permettrait d'aboutir à un jugement sur l'état des apprentissages et à une décision appropriée.

Le processus d'apprentissage peut s'avérer long et fastidieux pour des élèves, alors qu'il sera plutôt facile pour d'autres. Dans tous les cas, il y a une constante : l'évaluation qui indique si le niveau d'apprentissage visé est atteint ou non.

L'évaluation est donc cet ensemble de signaux qui sert à indiquer à l'élève et à l'enseignante s'ils sont sur la bonne voie. Enseignantes et élèves doivent vérifier régulièrement les signaux et savoir les interpréter pour parvenir à leur but. À la première déviation, il faut trouver les voies de secours (remédiation) qui permettront de ramener l'élève sur la trajectoire d'apprentissage.

Bref, l'évaluation est présente tout au long du parcours d'apprentissage. De plus, prise dans le sens d'intégration au processus d'apprentissage, **l'évaluation devient un moyen et non une fin**. On n'enseigne pas pour évaluer même si, au bout du parcours, l'évaluation vient sanctionner les apprentissages.

Le portfolio est un outil d'évaluation qui respecte le processus d'apprentissage de façon réaliste et concrète. Tout en favorisant l'intégration de l'évaluation dans le processus d'apprentissage, le portfolio se conforme bien à la logique de l'évaluation.

L'enseignement vise à faire apprendre, alors que l'évaluation sert de miroir dans lequel l'élève voit sa démarche d'apprentissage et où l'enseignante se voit comme responsable de l'arsenal pédagogique favorisant l'apprentissage.

Selon les pratiques évaluatives, l'évaluation sera formatrice, pour emprunter le terme de Nunziati (1990), si l'enseignante met en place des situations facilitantes :

- en faisant preuve de souplesse dans sa planification ;
- en se montrant favorable au changement ;
- en partageant son pouvoir d'évaluer avec l'élève ;
- en initiant l'élève à l'évaluation et en lui faisant confiance ;
- en démythifiant l'évaluation.

Comme le souligne Hadji (1997), une évaluation formative réussie suppose :

- ✏ de prendre des risques ;
- ✏ de bricoler les outils ;
- ✏ d'inventer des situations d'apprentissage et d'évaluation ;
- ✏ d'avoir le souci de comprendre pour mieux accompagner un cheminement d'apprentissage.

Dans un tel contexte, l'élève peut prendre le risque d'apprendre.

L'évaluation demeure un mouvement dynamique où les parties doivent interagir, négocier, discuter, clarifier et se rappeler ensemble le but des opérations. L'élève et l'enseignante doivent agir dans le même sens, c'est-à-dire viser les mêmes buts.

Le tableau 1.1 présente les réponses aux questions fondamentales sur l'évaluation dans le contexte du développement d'une compétence.

TABLEAU 1.1	Questions fondamentales sur l'évaluation
Quoi évaluer ?	Les compétences visées. Les connaissances antérieures. Les connaissances et habiletés acquises. Les stratégies, les démarches, les moyens, les techniques et le processus.
Pourquoi évaluer ?	Vérifier ce que l'élève a compris. Donner une rétroaction à l'élève quant à son cheminement. Prélever des indices de développement d'une compétence. Orienter la remédiation. Informer les parents. Aider l'élève à comprendre ses réussites, ses difficultés et à découvrir ses forces.
Comment évaluer ?	En provoquant des **interactions** en classe : – par la coévaluation ; – par le questionnement interactif. En amenant l'élève à réfléchir sur son **processus** d'apprentissage : – par l'autoévaluation ; – par l'auto-observation. En se préoccupant en tout temps de **comment** l'élève apprend : – les démarches ; – les stratégies ; – les processus ; – les défis ; – les moyens.
Quand évaluer ?	Tout au long du **processus** d'apprentissage. Lors de la mise au point à chaque étape pour faire le **bulletin**. À la fin du cycle pour le **bilan**.
Qui évalue ?	Responsabilités partagées : – élève et enseignante ; – élèves entre eux ; – enseignante, équipe-cycle, instance extérieure.

Le lien entre la démarche évaluative et le portfolio

La figure 1.1 de la page 5 montre le lien entre la démarche évaluative et la logique du portfolio dans le processus d'apprentissage.

Dans la démarche évaluative telle que nous venons de la décrire, il importe de définir l'intention d'apprentissage et de préciser les critères d'évaluation. La logique du portfolio exige l'appropriation des buts ou de la compétence visée et des critères d'évaluation.

À l'étape de la mesure, le portfolio permet d'amasser, de façon structurée, des informations ainsi que des traces pertinentes et signifiantes pendant le processus d'apprentissage.

À l'étape de l'analyse et de l'interprétation de l'information, le portfolio procure des outils visuels, des traces et des travaux relatant les erreurs analysées et interprétées par l'élève et l'enseignante. L'élève peut voir son travail et essayer d'en reconnaître les qualités et les défauts. Par sa participation consciente au choix des éléments versés dans son portfolio, l'élève apprend à se responsabiliser face à ses apprentissages.

À l'étape du jugement, le portfolio permet à l'élève d'apprécier son travail, de verbaliser et de reconnaître ses progrès, ses faiblesses et les améliorations à apporter.

Enfin, le portfolio permet d'aller jusqu'au bout de la démarche évaluative, car il donne la possibilité à l'élève de prendre le contrôle de ses apprentissages en se lançant des défis et en se donnant des moyens pour les relever.

À l'étape de la décision, c'est dans le portfolio qu'on va trouver les stratégies gagnantes expérimentées par l'élève en cours d'apprentissage. Le portfolio permet de boucler la boucle en ce sens qu'il facilite le retour au but visé au départ et d'en rendre compte.

La démarche évaluative permet habituellement d'ajuster l'enseignement, le cas échéant. L'enseignante se fie aux traces laissées dans le portfolio pour préparer des séances de remédiation à l'intention des élèves chez qui le besoin s'en fait sentir.

Nous entendons par remédiation une activité mise au point par l'enseignante et intégrée au processus d'apprentissage, qui a pour but d'aider l'élève en difficulté à corriger ses erreurs et à poursuivre ses apprentissages de façon efficace.

Figure **1.1**

Le lien entre la démarche évaluative et la logique du portfolio en cours d'apprentissage

Processus d'apprentissage

Décision

Établissement de défis, ou objectifs personnels ; réinvestissement des stratégies gagnantes ; fixation des moyens ; retour sur un défi ; ajustement de l'apprentissage ; renforcement et poursuite de nouveaux apprentissages.

Jugement

Constat du progrès, des forces ou des faiblesses de l'élève.

Interprétation

Analyse et interprétation de l'information retenue ; justification du choix des traces.

Mesure ou prise de l'information

Collecte de traces, de travaux signifiants.

Intention et **critères** d'évaluation

Appropriation des buts et des critères d'évaluation.

Démarche d'évaluation

Logique du portfolio

L'évaluation authentique

Voyons à présent le lien entre le portfolio et la gestion des situations complexes d'évaluation tout au long du processus d'apprentissage.

D'abord, qu'est-ce que l'évaluation authentique ? C'est une évaluation qui se base sur des situations signifiantes proches de la vie courante. L'évaluation authentique accorde de l'importance au processus, soit les stratégies, la démarche d'apprentissage, les essais et erreurs, la méthodologie utilisée, les interactions avec les pairs, etc., sans toutefois négliger le produit final. En cours d'apprentissage, il est essentiel d'évaluer tous ces éléments pour avoir des indices pertinents sur le développement d'une compétence. Ces indices guident autant l'apprenante ou l'apprenant que l'enseignante et permettent d'ajuster l'apprentissage avant qu'il ne soit trop tard.

L'évaluation authentique se base sur des travaux recueillis au sujet du développement d'une compétence à divers moments dans le temps, dans des contextes variés et au moyen d'outils variés. C'est ce qui garantit la richesse et la validité de l'information recueillie.

Le portfolio, dans ces conditions, fournit à l'élève et à l'enseignante les traces requises pour constater les progrès réalisés lors d'une situation complexe d'apprentissage et d'évaluation (*voir la figure 1.2*).

Figure **1.2**   *Une situation complexe d'apprentissage et d'évaluation*

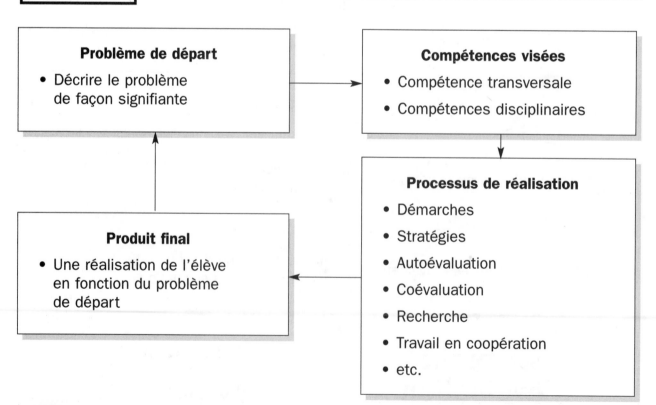

Problème de départ
- Décrire le problème de façon signifiante

Compétences visées
- Compétence transversale
- Compétences disciplinaires

Processus de réalisation
- Démarches
- Stratégies
- Autoévaluation
- Coévaluation
- Recherche
- Travail en coopération
- etc.

Produit final
- Une réalisation de l'élève en fonction du problème de départ

FICHE 1 Nom : Léo Date : 4 mai

Projet sur : les oiseaux

Mon camarade de travail : Tommy

1. Je renseigne les élèves sur:
Le nom des oiseaux qui vivent dans l'eau.

2. Le défi à relever pendant la réalisation ou la communication:
voix plus forte

3. Le calendrier de notre projet

lundi 7 mai	mardi 8 mai	mercredi 9 mai	jeudi 10 mai	vendredi 11 mai
– Choisir le sujet. – Choisir une ou un camarade de travail. – Faire le plan de travail. – Trouver le matériel.	Réalisation du travail 4ᵉ période	Réalisation du travail 3ᵉ période	Réalisation du travail 1ʳᵉ et 2ᵉ période	Réalisation du travail Dernière période pour la réalisation
lundi 14 mai	**mardi 15 mai**	**mercredi 16 mai**	**jeudi 17 mai**	**vendredi 18 mai**
Pratique individuelle	Pratique générale et critique des camarades	Pratique générale filmée	Présentation aux élèves de 3ᵉ année	Évaluation du projet

52

Voici les traces qu'un élève a laissées dans son portfolio lors d'une situation complexe (*voir aussi les fiches 1 à 7 aux pages 52 à 60*).

L'authenticité de l'évaluation s'appuie sur trois facteurs : une tâche signifiante d'apprentissage et d'évaluation, une exploitation adéquate de la tâche par l'enseignante et l'interaction entre les élèves. La figure 1.3 de la page 8 décrit les trois pôles de l'évaluation authentique.

FICHE 2A Nom : Léo Date : 7 mai

Le plan de travail

1. Comment allons-nous présenter notre projet?

On va se déguiser en oiseau pour présenter.

2. Voici le matériel nécessaire:
carton
crayons de couleur
corde
ciseaux

3. Je dessine mon plan.

53

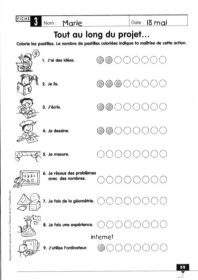

FICHE 3 Nom : Marie Date : 18 mai

Tout au long du projet...

Colorie les pastilles. Le nombre de pastilles coloriées indique ta maîtrise de cette action.

1. J'ai des idées.
2. Je lis.
3. J'écris.
4. Je dessine.
5. Je mesure.
6. Je résous des problèmes avec des nombres.
7. Je fais de la géométrie.
8. Je fais une expérience.
9. J'utilise l'ordinateur.
internet

55

FICHE 4A Nom : Lili Date : 16 janvier

Autoévaluation (1ᵉʳ cycle)

1. Colorie les pastilles selon cette échelle d'appréciation.

Vert = Très bien
Jaune = Assez bien
Rouge = Défi à relever

a) Je trouve de l'information à partir de différentes sources.

b) Je comprends ce que je lis et je le dis dans mes propres mots.

c) Je présente mes idées aux autres de façon intéressante et originale.

d) Mon travail est très bien fait.

e) Mes productions sont très intéressantes et bien présentées.

f) Mon écriture cursive est correcte.

g) Je sais comment appliquer mes stratégies en lecture.

2. Je cherche des moyens pour réussir mon défi la prochaine fois.

Je vais l'expliquer à un camarade dans mes mots

Source: Inspiré de Louise CAPRA et Lucie ARPIN, L'apprentissage par projets, Montréal, Chenelière/McGraw-Hill, 2001.

FICHE 5 Nom : France Date : 18 mai

Évaluation des pairs en communication orale

Titre du projet:
Le nom des oiseaux qui vivent dans l'eau

1. Colorie les pastilles selon cette échelle d'appréciation:

Vert = Excellent	Jaune = Très bien	Rouge = À améliorer

a) Les élèves de l'équipe parlent assez fort
b) Les élèves de l'équipe respectent le sujet
c) Les élèves de l'équipe s'expriment dans leurs propres mots
d) Les élèves de l'équipe démontrent de l'originalité

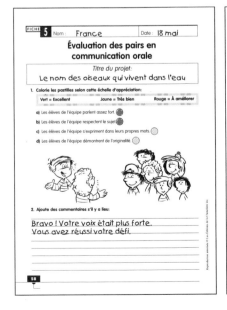

2. Ajoute des commentaires s'il y a lieu:

Bravo ! Votre voix était plus forte.
Vous avez réussi votre défi.

58

Nom : Mireille Date : octobre

J'aime lire...

Souligne ce que tu sais lire dans le texte suivant.

Avec mon ami Léo
J'aime beaucoup m'amuser
Puis je fais un petit dodo
Car je suis épuisé

Commentaires de l'élève:
Je sais lire tout le texte maintenant. Je suis fière de moi!

Commentaires de l'enseignante:
1ᵉʳ octobre : 2 mots
2 octobre : 3 mots
4 octobre : 6 mots
5 octobre : tout le texte !

Commentaires des parents:
Tu vois, ma fille, que ça porte fruit de lire tous les jours!
Maman x x x

Vu et apprécié par l'enseignante: Nathalie

Nom : Nicolas Date : 29 novembre

**But du projet :
Divulguer ce qu'on a appris**
Les oiseaux

1. Son corps
a) Le nom des parties externes.
b) Les sortes de plumes.
c) Les sortes de becs.
d) Les plumes.
e) La différence entre le mâle et la femelle.

2. Son alimentation
a) Ce qu'il mange.
b) Comment trouve-t-il sa nourriture ou sa proie.

3. Son habitat
a) Les sortes de nids.
b) Les sortes de milieux.
c) Comment un oiseau protège-t-il son nid?

4. La migration
a) Où vont-ils?
b) Pourquoi le font-ils?

5. La reproduction
a) Comment se forment les œufs?
b) Combien peuvent-ils pondre d'œufs?

6. Des noms d'oiseaux
a) Hauteur - poids - longueur.
b) Les couleurs.

Figure **1.3** *Les trois pôles de l'évaluation authentique*

Une tâche signifiante :

- vise un but bien connu des élèves ;
- exige une clarification des critères d'évaluation ;
- a des liens avec des connaissances antérieures ;
- fait appel à la collaboration des élèves ;
- fait référence à la vie courante ;
- a un contexte défini ;
- met l'élève en situation de résolution de problèmes ;
- fait référence à une méthode de travail.

L'élève en action :

- démontre comment il s'y prend ;
- ajuste son travail ;
- s'autoquestionne ;
- s'autoévalue ;
- évalue son degré de satisfaction ;
- fait appel à ses connaissances antérieures ;
- réfléchit sur ses stratégies ;
- découvre de nouvelles stratégies ;
- se donne des défis ;
- se donne des moyens pour aller de l'avant.

L'élève en interaction :

- aide l'autre à trouver et à comprendre son erreur ;
- aide l'autre à se donner des défis et des moyens pour les relever ;
- partage ses expériences et des stratégies d'apprentissage ;
- verbalise ses difficultés et ses besoins ;
- donne son point de vue sur le travail d'un pair ;
- coopère ;
- prend l'initiative de se faire évaluer par les pairs ;
- présente ses travaux et son bulletin.

La métacognition et l'autorégulation

L'évaluation authentique réserve une place importante à la métacognition.

Puisque l'enseignement met l'accent sur la construction des savoirs par l'élève, l'enseignante doit se soucier de savoir *comment* l'élève apprend. C'est seulement ainsi qu'elle peut l'aider à reconnaître ses erreurs et à trouver des stratégies gagnantes. L'enseignante fait comprendre à l'élève que l'erreur fait partie du processus d'apprentissage et que c'est important pour elle de savoir d'où vient une erreur, car c'est ce de cette façon qu'on peut remédier aux problèmes liés à l'apprentissage. Comme dirait Astolfi (1997) : « Vos erreurs m'intéressent. » Quoi de plus normal dans un processus d'apprentissage! Par exemple, voici une question simple mais souvent oubliée : « Comment as-tu procédé ? » Ce type de question peut amener l'élève à découvrir ses erreurs, à visualiser sa démarche, ses stratégies. L'élève en vient progressivement à accepter le fait que l'erreur lui permet d'apprendre. Dès que l'élève est capable de repérer son erreur dans le processus, il peut facilement la corriger. Ainsi se met en marche l'autorégulation métacognitive.

Définissons l'autorégulation comme suit :

- s'approprier les buts visés et les critères d'évaluation ;
- se donner des méthodes de travail ;
- avoir le contrôle sur le déroulement de l'activité en cours de réalisation ;
- ajuster les résultats en fonction des critères d'évaluation.

La figure 1.4[1] illustre le processus d'autorégulation lors d'une activité d'apprentissage.

Figure **1.4**   *L'autorégulation lors d'une activité d'apprentissage*

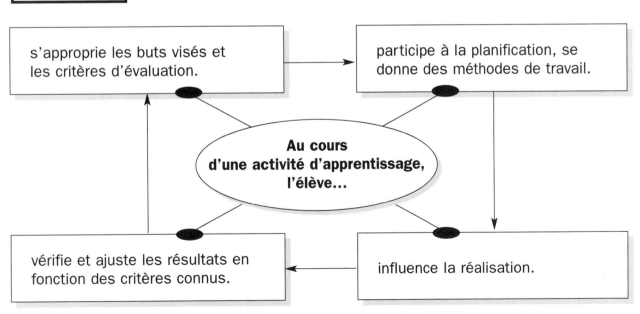

1. Inspiré de Rolland LOUIS, *L'évaluation des apprentissages en classe*, Laval, Études vivantes, 1999, p. 108.

À la longue, l'élève prend conscience de sa façon d'apprendre et agit directement sur ses apprentissages. Il peut facilement dire quelles sont ses forces et ses faiblesses, demander de l'aide sur un point précis, permettant ainsi à l'enseignante et même aux parents de l'aider dans ses apprentissages. Cette prise de conscience et ce contrôle sur ses propres apprentissages sont en quelque sorte des aspects majeurs de la métacognition. Voici des exemples d'autorégulation (*voir aussi la fiche 6 à la page 59*).

Chapitre 2

L'autoévaluation et la coévaluation : deux pratiques indissociables liées au portfolio

Collaboration

Authenticité

Stratégies

Autoévaluation

Transfert

Comme nous l'avons déjà mentionné, la tenue d'un portfolio amène l'élève à devenir plus responsable de ses apprentissages. Dans le même élan, l'enseignante doit accepter de faire une place à l'élève dans l'évaluation de ses apprentissages et lui permettre d'agir dans le processus d'évaluation. Elle invite l'élève à se donner une note, à s'autocorriger, à analyser ses erreurs et à laisser des traces de ses commentaires et de ses réflexions dans son portfolio. L'autoévaluation et la coévaluation sont à cet égard deux pratiques intéressantes dans le contexte du portfolio.

L'autoévaluation et le portfolio

Selon Charles Hadji (1997), l'autoévaluation est la clé de voûte du système pédagogique. On gagnera toujours, continue le même auteur, à privilégier l'autorégulation, à faciliter l'appropriation des critères de réalisation et des critères d'évaluation.

Pour Georgette Nunziati (1990), l'évaluation est un processus dynamique consistant à accompagner et à faciliter les apprentissages. L'élève est le moteur qui fait fonctionner ce processus d'évaluation. Madame Nunziati insiste sur l'aspect formateur de l'évaluation.

Il convient de rappeler les grandes lignes de l'évaluation formatrice, décrite dans le chapitre 1, et dont l'autoévaluation et la coévaluation sont les nervures principales. La figure 2.1 de la page suivante illustre ce concept.

Construire son savoir suppose que l'élève s'approprie la démarche d'apprentissage ainsi que des outils et des stratégies pour agir et s'évaluer. Dans un tel cadre pédagogique, l'autoévaluation devient un moyen privilégié d'appropriation du savoir par l'élève. Une façon d'évaluer motivante, engageante et responsabilisante s'avère un moyen efficace d'amener progressivement l'élève à saisir les visées des apprentissages, à discuter des critères d'évaluation, à se voir opérer dans l'action, à se donner des défis et des moyens pour les relever. Par l'autoévaluation, l'élève acquiert un mode de pensée, la capacité d'exercer un contrôle sur ses actions et de prendre des décisions quant à ses apprentissages.

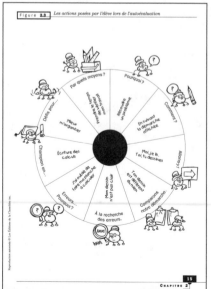

Les figures 2.2 et 2.3 (*pages 14 et 15*) montrent de façon schématique les actions posées par l'élève lors de l'autoévaluation.

Le portfolio est l'endroit privilégié pour garder les traces des actions mentionnées à la figure 2.2.

Le concept de l'évaluation formatrice

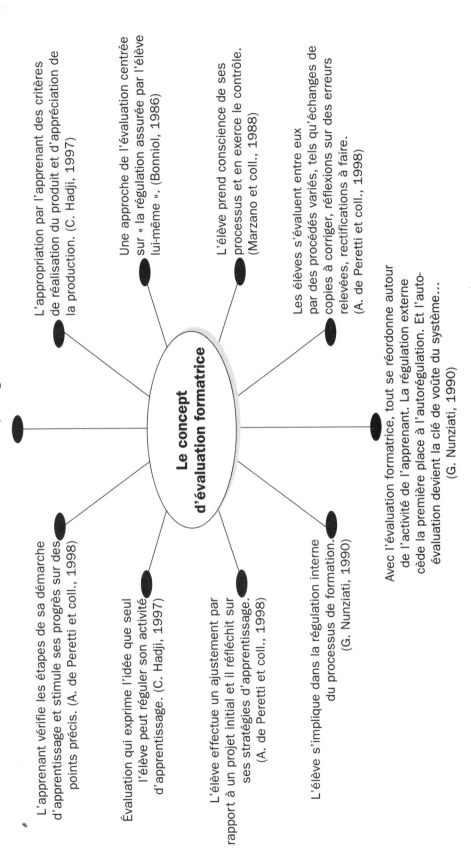

L'élève porte un jugement sur la qualité de son cheminement, de son travail, de ses acquis au regard des objectifs prédéfinis et tout en s'inspirant de critères d'évaluation. (R. Legendre, 1993).

L'appropriation par l'apprenant des critères de réalisation du produit et d'appréciation de la production. (C. Hadji, 1997)

Une approche de l'évaluation centrée sur « la régulation assurée par l'élève lui-même ». (Bonniol, 1986)

L'élève prend conscience de ses processus et en exerce le contrôle. (Marzano et coll., 1988)

Les élèves s'évaluent entre eux par des procédés variés, tels qu'échanges de copies à corriger, réflexions sur des erreurs relevées, rectifications à faire. (A. de Peretti et coll., 1998)

Le concept d'évaluation formatrice

L'apprenant vérifie les étapes de sa démarche d'apprentissage et stimule ses progrès sur des points précis. (A. de Peretti et coll., 1998)

Évaluation qui exprime l'idée que seul l'élève peut réguler son activité d'apprentissage. (C. Hadji, 1997)

L'élève effectue un ajustement par rapport à un projet initial et il réfléchit sur ses stratégies d'apprentissage. (A. de Peretti et coll., 1998)

L'élève s'implique dans la régulation interne du processus de formation. (G. Nunziati, 1990)

Avec l'évaluation formatrice, tout se réordonne autour de l'activité de l'apprenant. La régulation externe cède la première place à l'autorégulation. Et l'auto-évaluation devient la clé de voûte du système... (G. Nunziati, 1990)

Source : Louise BOURQUE (C.S. de Sorel-Tracy), Liberata MUKARUGAGI (C.S. des Patriotes), Lina THÉRIAULT (C.S. des Hautes-Rivières), sous-comité de la table de la mesure et l'évaluation en Montérégie, mars 2000.

L'élève s'approprie les buts visés, les compétences visées.

L'élève s'approprie les critères d'évaluation.

L'élève active ses connaissances antérieures.

L'élève compare sa production aux critères préétablis.

L'élève détecte ses erreurs.

L'élève analyse et interprète ses erreurs.

L'élève devient conscient de ses forces et de ses faiblesses.

L'élève se donne des défis.

L'élève se donne des moyens.

L'élève revient sur son défi.

Figure **2.3** | *Les actions posées par l'élève lors de l'autoévaluation*

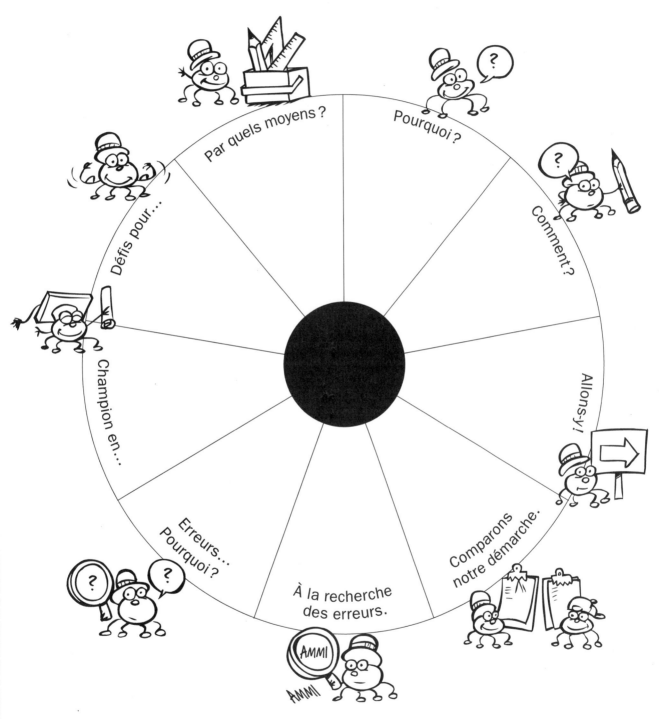

Figure **2.4**

Les phases de l'implantation de l'autoévaluation par l'enseignante

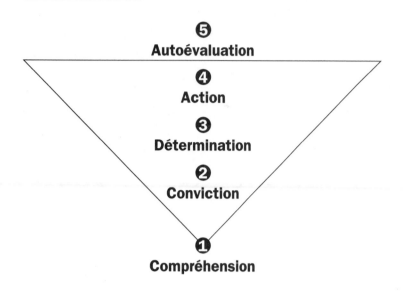

❺ Autoévaluation

❹ Action

❸ Détermination

❷ Conviction

❶ Compréhension

Il faut savoir qu'en dépit de tous les avantages que présente l'autoévaluation, sa mise en pratique peut être ardue. Il importe que l'enseignante accorde à l'élève tout le temps nécessaire pour apprivoiser ce processus. Même si ce temps peut paraître long, c'est un investissement dont on recueille les fruits à long terme. L'enseignante voit son attente récompensée lorsqu'elle constate que ses élèves peuvent parler spontanément de leurs succès, de leurs difficultés ou de leurs défis dans les apprentissages en cours. Dès le début de l'année, il faut développer la confiance et l'estime de soi chez chaque élève. C'est un avantage inestimable pour l'élève de se faire confiance, de faire confiance à l'enseignante et à ses pairs lorsqu'il s'agit d'apprendre.

Pour introduire avec succès l'autoévaluation dans sa classe, l'enseignante doit d'abord comprendre ce qu'est l'autoévalation, pourquoi et comment la faire (**compréhension**). Elle doit croire à ses bienfaits, être convaincue des avantages qu'on en retire (**conviction**). Parce qu'elle y croit, elle se donne des moyens de faire pratiquer l'autoévaluation à ses élèves et de surmonter les obstacles ; sa volonté d'y arriver est grande (**détermination**). La détermination mène à la mise en œuvre des stratégies élaborées plus tôt (**action**). Le résultat est l'application de l'autoévaluation de façon naturelle et spontanée par les élèves.

On peut résumer le processus d'autoévaluation à un ensemble logique d'actions dont l'élève est maître d'œuvre. Ces actions ont comme effet ultime d'amener l'élève à améliorer de son propre chef la qualité de ses apprentissages. Il s'agit d'un apprentissage inestimable, car, comme le souligne Greene (1997), une fois que l'élève quittera les bancs de l'école, l'enseignante ne sera plus là pour lui dire si son travail est de qualité ou non.

La coévaluation

Le processus d'autoévaluation invite également l'élève à collaborer avec ses pairs et l'enseignante. Pour de Vecchi (1992), l'autoévaluation se traduit dans la réalité par des moments de coévaluation ; elle suppose une collaboration mais aussi une coélaboration.

L'évaluation est une démarche à la fois dynamique et interactive : elle aide à apprendre et se construit dans l'action et l'interaction avec les autres. On nomme cet aspect interactif de l'évaluation la coévaluation.

On peut définir la coévaluation comme un processus suivant lequel l'enseignante et l'élève confrontent leur point de vue sur une production de l'élève, ou suivant lequel les élèves, entre eux, donnent leur point de vue sur les productions des uns et des autres.

Dans une pédagogie où la coopération des élèves est au premier plan et où le programme de formation exige des interactions riches et variées au sein de la « communauté d'apprenants », l'évaluation se doit de répondre aux mêmes principes. Pour ce faire, l'enseignante donne l'occasion à ses élèves d'évaluer le travail des uns et des autres. Selon de Vecchi, l'enseignante accepte de planifier, de gérer et d'évaluer, dans certains cas avec les élèves, dans d'autres cas à travers eux.

Dans le quotidien, la coévaluation consiste à :

- s'approprier les buts visés ;
- se donner des critères d'évaluation ;
- se donner des contextes de réalisation ;
- analyser et interpréter en groupe les erreurs commises ;
- apprécier le travail de l'autre ;
- parler de ses réussites, de ses difficultés, au besoin ;
- partager les stratégies gagnantes d'apprentissage ;
- partager l'expérience vécue ;
- établir les améliorations à apporter.

Le but de la coévaluation est d'aider l'élève à améliorer ses apprentissages par une interaction avec les pairs ou avec l'enseignante. L'élève peut apprendre des erreurs et des réussites des autres. La coévaluation, quand elle est bien menée en classe, permet aux élèves de se référer aux idées des autres, de consulter sans peur une ou un camarade au sujet d'un travail quelconque, d'échanger avec les pairs sur les stratégies utilisées pour résoudre un problème. Pour l'élève plus avancé, la coévaluation peut être une occasion de parler de ses réussites, d'aider des camarades à corriger leurs erreurs. Le fait d'expliquer à l'autre demande de bien structurer et articuler ses propres connaissances. La coévaluation peut jouer un rôle de renforcement ou de ressourcement pour les élèves. L'élève apprend aussi à développer son esprit critique et à l'utiliser de façon constructive.

Comme pour l'autoévaluation, l'élève doit faire l'apprentissage de la coévaluation. Le dialogue et la coopération en classe sont de bons moyens d'amener l'élève à la coévaluation. Des enseignantes ayant expérimenté le portfolio ont réservé un coin de la classe aux rencontres, aux échanges et aux dialogues des élèves au sujet d'une production de leur choix. Ce coin porte différents noms choisis par les élèves : « Plaisir d'apprendre », « Rendez-vous d'apprentissage », « Cheminons ensemble », « Jardin d'apprentissage », « Partageons nos réussites », etc. Les élèves vont dans ce coin à leur gré afin d'obtenir le point de vue d'une ou d'un camarade ou de l'enseignante sur un problème d'apprentissage particulier. Ils peuvent aussi s'y rendre pour consulter différents outils de référence.

La figure 2.5 de la page suivante décrit le processus de la coévaluation. Voici un exemple de coévaluation (*voir la fiche 7 à la page 60*).

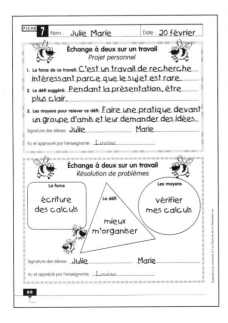

Figure **2.5**   *La coévaluation en classe*

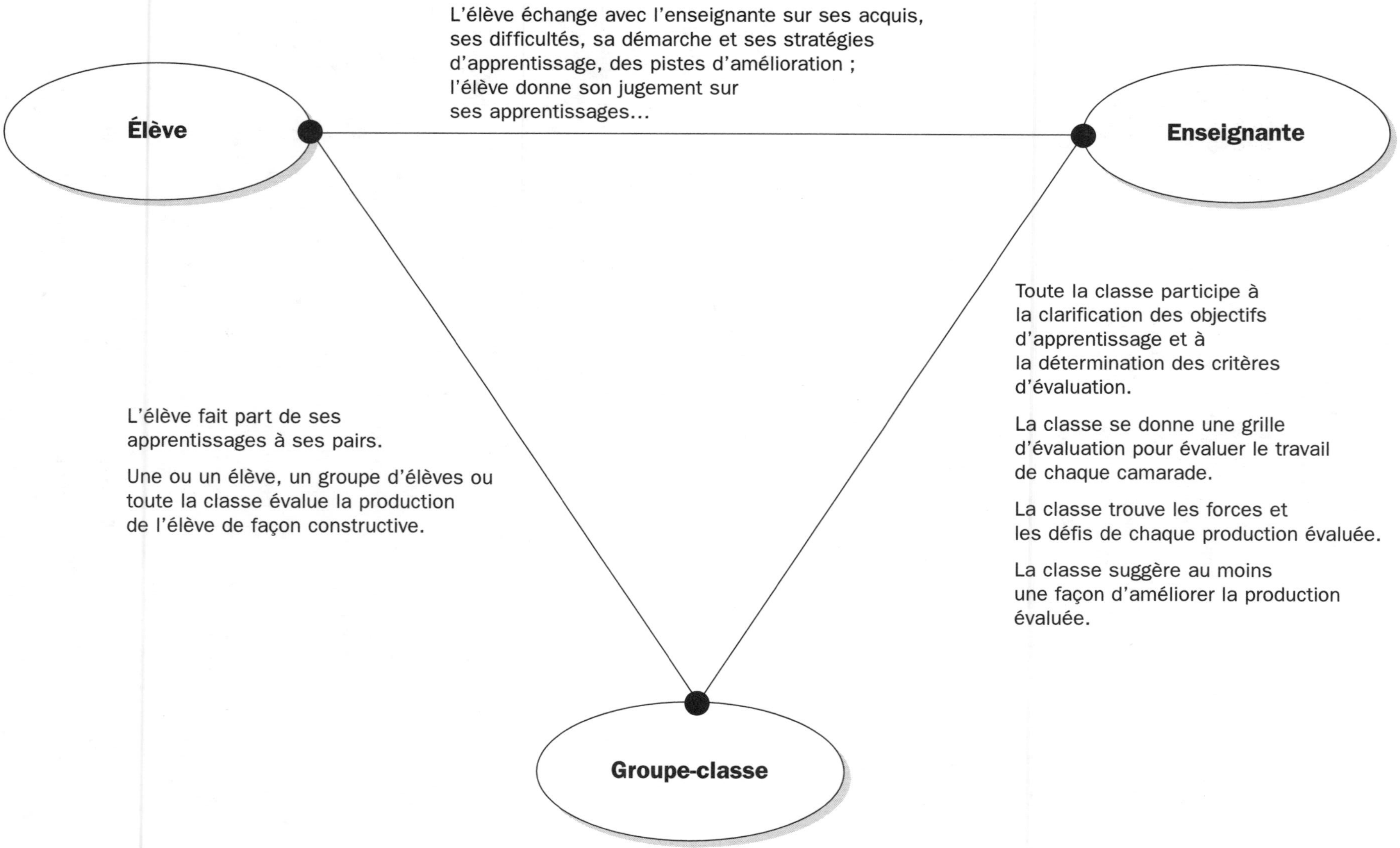

Enseignante

Toute la classe participe à
la clarification des objectifs
d'apprentissage et à
la détermination des critères
d'évaluation.

La classe se donne une grille
d'évaluation pour évaluer le travail
de chaque camarade.

La classe trouve les forces et
les défis de chaque production évaluée.

La classe suggère au moins
une façon d'améliorer la production
évaluée.

L'élève échange avec l'enseignante sur ses acquis,
ses difficultés, sa démarche et ses stratégies
d'apprentissage, des pistes d'amélioration ;
l'élève donne son jugement sur
ses apprentissages…

Groupe-classe

L'élève fait part de ses
apprentissages à ses pairs.

Une ou un élève, un groupe d'élèves ou
toute la classe évalue la production
de l'élève de façon constructive.

Élève

Chapitre 3

Le portfolio : de la définition du concept à son application en classe

L'appropriation du concept

Dans les chapitres précédents, nous avons présenté l'évaluation comme un moyen dont l'élève dispose pour suivre la progression de ses apprentissages. Par l'évaluation, l'enseignante s'assure que les apprentissages se réalisent. Le portfolio permet d'établir le dialogue entre l'élève et l'enseignante. Il permet aussi de conserver des traces d'évaluation qui témoignent de la progression de l'élève dans l'acquisition d'une compétence. De plus, le portfolio favorise l'engagement de l'élève dans l'évaluation de ses apprentissages.

Le portfolio sert donc d'outil de gestion des évaluations multiples et diversifiées, lorsqu'il s'agit de dégager le cheminement de l'élève. Dans ce chapitre, nous allons examiner plus en détail le concept du portfolio.

Définition et description du portfolio

Le portfolio est une collection significative des travaux de l'élève qui illustre son cheminement dans le développement d'une compétence particulière et qui prend forme dans le temps.

La sélection, faite par l'élève et l'enseignante, inclut des travaux qui constituent des indices pertinents du développement de la compétence. Ce choix témoigne de la réflexion de l'élève sur ses efforts, ses stratégies, ses progrès, ses forces, ses réussites, ses difficultés, en rapport avec les critères d'évaluation établis au départ[1].

À travers le portfolio, l'élève raconte sa vie d'apprenante ou d'apprenant. Sa collection contient des situations d'évaluation qui mettent en évidence ses forces, ses fiertés, ses appréhensions, ses attitudes face à la compétence visée. Elle constitue un repère pour guider sa réflexion et poursuivre ses apprentissages. En évaluation, l'utilisation du portfolio permet d'évaluer le processus d'apprentissage qui a lieu dans un environnement axé sur l'élève. Le contenu du portfolio met l'accent sur les forces, les progrès, les réalisations de l'élève plutôt que sur ses faiblesses.

Les enseignantes ont toujours fait une collecte de données sous forme de travaux qui permettent de situer le développement des apprentissages de l'élève. Elles rassemblaient souvent ces travaux dans une chemise réservée à cet effet, par exemple.

Le tableau 3.1 de la page suivante établit une comparaison entre une compilation de données classique et le portfolio.

---

1. Inspiré de Louise BOURQUE, Huguette DANSEREAU et Libérata MUKARUGAGI, *Atelier de sensibilisation au portfolio*, cahier de formation, sous-comité de la table de mesure et d'évaluation de la Montérégie, 1997.

Le portfolio	La compilation de travaux classique
Les éléments sont toujours choisis en fonction des buts visés par les apprentissages.	Les travaux ne sont pas toujours choisis en fonction des buts visés par les apprentissages.
Les éléments sont choisis en fonction de critères prédéterminés et convenus entre les élèves et l'enseignante.	Les élèves ne connaissent pas les critères de sélection.
Les éléments choisis constituent des traces signifiantes du cheminement de l'élève.	Les éléments choisis ne sont pas forcément signifiants.
Les éléments sont choisis de façon régulière à partir de situations signifiantes d'apprentissage et d'évaluation.	Les éléments sont recueillis de façon sporadique et non continue.
Les travaux choisis contiennent des commentaires provenant des enseignantes, des élèves ou des parents.	En général, les travaux ne contiennent pas de commentaires personnels de l'élève, de ses pairs ou de ses parents.
L'élève fait des réflexions, se donne des objectifs, des défis et établit des stratégies.	Aucune réflexion, aucun défi ni aucune stratégie de l'élève.
Les éléments choisis portent toujours la date, et parfois un code servant de repère.	Les travaux portent parfois la date, qui ne sert pas forcément de repère.
Il y a un lien entre les différents travaux. Le retour sur ses défis antérieurs est obligatoire.	Il n'y a pas forcément de lien entre les différents travaux. Il n'y a pas de retour prévu sur les défis antérieurs.
La sélection des éléments respecte des consignes précises. On doit élaguer les éléments qui perdent de leur pertinence au fil du temps.	Il n'y a pas de sélection en fonction de consignes précises, ni d'élagage prévu en fonction de l'évolution de l'élève.
L'élève conserve son portfolio et en est responsable.	L'enseignante conserve la compilation de travaux et en est responsable.

À partir du tableau 3.1, on peut faire ressortir certains éléments incontournables du portfolio. Pris dans leur ensemble, ces éléments viennent caractériser la gestion de classe de l'enseignante qui utilise le portfolio comparativement à celle qui ne l'utilise pas.

De façon générale, on retrouvera dans le portfolio les éléments suivants :

✐ une compétence visée implicitement connue de l'élève ;
✐ des critères d'évaluation clairs et connus des élèves ;
✐ un code de communication : une échelle d'appréciation, un code de lumière, des symboles, etc. ;
✐ des autoévaluations, des réflexions personnelles ; les objectifs personnels de l'élève, ses défis, des moyens pour relever ces défis ;
✐ les traces des efforts, des stratégies, des démarches, des progrès et du cheminement de l'élève ;
✐ des liens entre les différentes traces du portfolio ;
✐ des travaux annotés et datés (la date est obligatoire) ;
✐ les commentaires de l'enseignante, de l'élève, des pairs, des parents ou de la direction de l'école ;
✐ des traces des entretiens avec l'enseignante ou les parents.

Les types de portfolio

Quoique les portfolios varient grandement d'une enseignante à l'autre, ils se classent généralement en trois catégories : le portfolio de travail, le portfolio de présentation et le portfolio-bilan.

✐ Le portfolio de travail (ou dossier d'apprentissage ou dossier progressif[2]) est une collection continue, sur une base quotidienne, d'exemples de travaux choisis par l'élève servant à mettre en évidence ses efforts, ses progrès, ses réalisations et ses réflexions (travaux écrits, photos, autoévaluations, etc.). C'est un recueil de pensées de l'élève, de ses idées et de ses réalisations. L'analyse continue de ce type de portfolio permet à l'élève de prendre conscience de ses forces et de sa façon d'apprendre. C'est l'élève qui se donne des défis et qui choisit des moyens pour évoluer dans ses apprentissages. Il est à noter qu'à la fin d'une période donnée, l'enseignante réserve un moment pour faire une mise au point sur le cheminement de l'élève. De l'avis de Bélair (1999), « le dossier progressif représente un porte-documents contenant des traces des apprentissages des élèves, notamment leurs brouillons et leurs premières productions, des réflexions sur les stratégies utilisées et sur l'évolution constatée, des productions finales, le tout au regard de compétences identifiées préalablement. »

✐ Le portfolio de présentation, ou dossier de présentation, peut comprendre des pièces choisies à la fois par l'élève et par l'enseignante. Ce portfolio réunit des travaux dont l'élève tire une grande fierté (généralement les meilleurs). On inclut ces travaux dans le portfolio à des fins de présentation. Ces présentations peuvent prendre la forme de rencontres axées sur l'élève, de bulletins d'étape, d'entrevues avec des représentants d'établissements d'enseignement, etc. Ce type de

---

2. Ce dernier terme est emprunté à Louise BÉLAIR (1999).

portfolio, qui insiste sur les meilleures réalisations, a un effet positif sur l'estime de soi et la motivation de l'élève.

✐ Le portfolio-bilan est une sélection d'exemples de travaux d'une ou d'un élève qui témoignent de son apprentissage ; on puise ces éléments à même un dossier d'apprentissage ou un portfolio de présentation dans le but exprès de les transmettre aux enseignantes de la prochaine année scolaire. Le portfolio-bilan peut aussi contenir des rapports sur le chemin parcouru par l'élève et les résultats des évaluations extérieures. Il peut faire partie de son dossier scolaire permanent. Éventuellement, on pourrait le transmettre à d'autres établissements d'enseignement. Plusieurs parties participent à la compilation du portfolio-bilan : l'élève, l'équipe-cycle et l'enseignante, celle-ci étant responsable du contenu.

✐ Le portfolio-bilan permet à l'équipe-cycle, aux élèves, aux parents et aux directions d'école de comprendre le chemin parcouru par l'élève d'une façon plus authentique qu'avec les examens traditionnels, limités dans le temps. De son côté, l'élève peut utiliser son portfolio pour se présenter à une nouvelle enseignante. Ainsi, il lui est facile de parler de ses réussites, de ses goûts, de ses matières préférées et des défis qu'elle ou il se donne sur le plan de ses apprentissages. Le tableau 3.2 de la page 24 présente les trois types de portfolio.

Les avantages du portfolio

Le portfolio comporte plusieurs avantages pour les enseignantes qui l'ont intégré dans leur gestion de classe. En voici quelques-uns.

✐ Le portfolio favorise l'évaluation authentique. L'évaluation survient en situation réelle d'apprentissage. Elle porte sur des travaux multiples et variés, échelonnés sur une période relativement longue. On évalue des tâches signifiantes.

✐ Le portfolio amène l'élève à participer activement à l'évaluation de son apprentissage. Cet engagement de l'élève agit positivement sur la motivation. L'élève participe à l'évaluation plutôt que d'être simplement un objet d'évaluation. Le portfolio vise l'amélioration des apprentissages de l'élève. Étant responsable de ses apprentissages, l'élève est moins à la merci des notes reçues.

✐ Le portfolio stimule la réflexion individuelle. L'élève réfléchit sur le chemin parcouru et sur le progrès de ses apprentissages, prend conscience de ses forces et de ses difficultés. On constate la mise au jour d'un esprit d'analyse réflexive alors que l'élève apprend à faire ses propres choix (justification du choix des travaux mis dans le portfolio).

✐ Le portfolio encourage une communication et une collaboration constantes. Le portfolio entretient un dialogue axé sur les apprentissages de l'élève. Les élèves s'aident quand il s'agit d'apporter des commentaires sur des travaux. Les parents reçoivent régulièrement des nouvelles des apprentissages de leurs enfants.

✐ Le portfolio agit positivement sur l'estime de soi. L'élève se rend compte de son droit à l'erreur en situation d'apprentissage. L'erreur fait partie de l'apprentissage. L'élève comprend qu'elle ou qu'il est en cheminement, voit ses progrès, ses améliorations, se fixe de nouveaux défis. L'évaluation n'est plus un mystère pour l'élève.

TABLEAU 3.2 Les trois types de portfolio

Type	Objectifs	Contenu	Public cible
Portfolio de travail ou dossier progressif	**Suivre le processus ou le développement des apprentissages.** • aider l'élève à évaluer son travail • aider l'élève à discuter de ses apprentissages • aider l'élève à connaître ses façons d'apprendre • aider l'élève à prendre conscience de ses forces et de ses défis	• Travaux, productions, traces de l'élève choisis par rapport à une compétence donnée	• L'élève • L'enseignante et l'équipe-cycle • Les pairs • Les parents
Portfolio de présentation	**Mettre en évidence ses réussites et ses forces.** • aider l'élève à communiquer son apprentissage et à en discuter • aider l'élève à prendre conscience de ses forces et de ses défis • aider l'élève à acquérir de l'estime de soi	• Meilleures réalisations choisies par l'élève en collaboration avec l'enseignante	• Les enseignantes • Les pairs • Les parents • Les directions scolaires • Des employeurs potentiels
Portfolio-bilan	**Faire le point sur les acquis d'un cycle.** • aider les enseignantes à savoir où en est l'élève dans son apprentissage • faciliter le classement de l'élève	• Éléments tirés du dossier progressif • Rapports sur le chemin parcouru par l'élève • Examens extérieurs • Mesures de soutien suggérées par l'enseignante ou l'équipe-cycle	• Les futures enseignantes • Les parents • Les directions d'école • Des employeurs potentiels

L'implantation et l'utilisation du portfolio

La figure 3.1 de la page 26 résume le processus d'implantation et d'utilisation du portfolio. Nous verrons maintenant plus en détails chaque composante de ce processus.

Le cadre de référence

L'intégration réussie du portfolio dans la gestion régulière des apprentissages demande un cadre de référence bien défini qui permet à l'enseignante et à l'élève de se concentrer sur l'essentiel. Le cadre de référence fournit un fil conducteur grâce auquel on arrive à boucler la boucle soit au cours d'une situation d'apprentissage et d'évaluation, soit au cours du développement d'une compétence donnée.

Le cadre de référence est un instrument précieux qui permet à l'élève et à l'enseignante d'évoluer dans un climat de confiance, d'appartenance et d'engagement. En effet, il facilite la compréhension du rôle d'un portfolio en classe. Il sert aussi à situer l'élève face aux apprentissages visés et aux critères d'évaluation.

Les référents de base

Dans le contexte du portfolio, les référents de base sont l'intention de l'utilisation du portfolio et l'appropriation du programme de formation.

Comment définir l'intention de l'utilisation du portfolio ? Pour l'enseignante, il peut s'agir :

- d'aider l'élève à illustrer son cheminement et ses progrès ;
- de le valoriser dans ses apprentissages par le biais de ses meilleurs travaux ;
- de conserver des traces pour justifier le jugement porté sur le bulletin ;
- de vouloir évaluer autrement ;
- de dresser un bilan des apprentissages de fin de cycle.

Le portfolio contribuant à une évaluation conforme au programme de formation, il est important, avant d'entreprendre l'aventure du portfolio, de comprendre ce qu'est une compétence et les indices de développement et d'acquisition d'une compétence. En effet, l'appropriation des critères d'évaluation d'une compétence en cours de développement est primordiale.

L'enseignante doit prendre le temps d'expliciter une compétence visée et de dégager avec l'élève les critères d'évaluation concernés. Cette étape est essentielle si elle veut que l'élève soit témoin de ses apprentissages. Voir ci-contre une feuille explicitant les critères relatifs à la lecture que les élèves se sont donnés eux-mêmes.

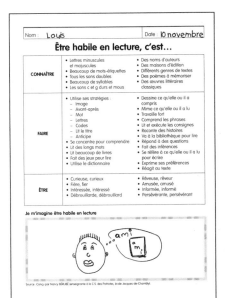

Les conditions facilitantes et l'aspect matériel

Nous avons souligné précédemment l'importance de l'autoévaluation et de la coévaluation en regard du portfolio. Ces types d'évaluation sont faciles à réaliser dans une classe où règne un climat de

Figure **3.1** *Le processus d'implantation et d'utilisation du portfolio*

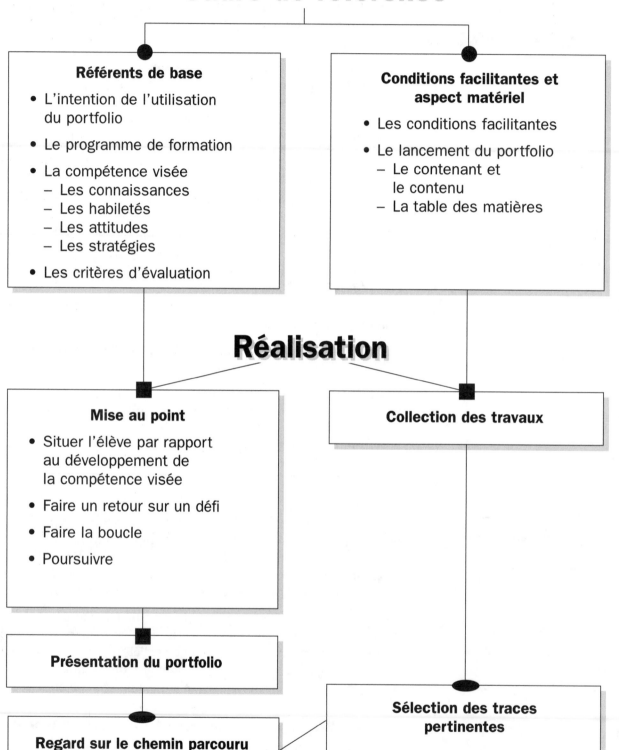

Cadre de référence

Référents de base

- L'intention de l'utilisation du portfolio
- Le programme de formation
- La compétence visée
  - Les connaissances
  - Les habiletés
  - Les attitudes
  - Les stratégies
- Les critères d'évaluation

Conditions facilitantes et aspect matériel

- Les conditions facilitantes
- Le lancement du portfolio
  - Le contenant et le contenu
  - La table des matières

Réalisation

Mise au point

- Situer l'élève par rapport au développement de la compétence visée
- Faire un retour sur un défi
- Faire la boucle
- Poursuivre

Collection des travaux

Présentation du portfolio

Regard sur le chemin parcouru

Sélection des traces pertinentes

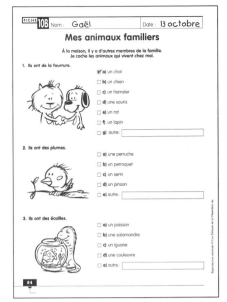

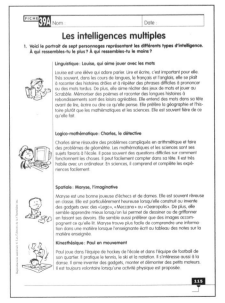

confiance et de coopération. Pour favoriser un climat de travail où chaque élève sent qu'il participe à la vie de classe, l'enseignante doit aider les élèves à se connaître et à coopérer. Elle doit aussi instaurer un système de valeurs qui permet une meilleure gestion du climat de classe.

Elle fera en sorte de développer la connaissance de soi des élèves, c'est-à-dire qu'elle les amènera à :

✎ connaître leurs goûts et leurs intérêts ;
✎ découvrir leurs forces et leurs limites ;
✎ se faire confiance ;
✎ apprendre à s'apprécier.

Voici un exemple d'exercice favorisant la connaissance de soi par les élèves (*voir les fiches 8 à 16 aux pages 61 à 70*). Le fait de permettre aux élèves de décrire aussi bien leurs forces, leurs intérêts et leurs passions que leurs peurs et leurs difficultés les amène à porter ouvertement en classe un jugement sur leurs apprentissages sans crainte d'être jugés.

Les fiches sur les intelligences multiples (*voir les fiches 39 à 41 aux pages 115 à 121*) guident l'enseignante dans la connaissance des enfants. L'enseignante peut ainsi varier ses stratégies d'enseignement en fonction des talents présents dans sa classe. Ces fiches peuvent également aider les élèves à mieux se connaître. En voici un exemple ci-dessous.

L'enseignante veillera aussi à développer la coopération au sein de sa classe. Chaque élève devrait pouvoir :

✎ résoudre des problèmes avec d'autres élèves ;
✎ jouer son rôle dans l'équipe de travail ;
✎ créer des liens affectifs avec d'autres élèves ;
✎ manifester de la tolérance ;
✎ être à l'écoute de l'autre, respecter son opinion ;
✎ respecter les différences ;
✎ établir une relation d'aide.

L'enseignante doit apprendre à ses élèves à travailler en équipe. Pour ce faire, elle peut objectiver souvent les rôles que les élèves ont à jouer. Les élèves prennent ainsi conscience de leur rôle dans l'équipe.

Enfin, l'enseignante se doit d'instaurer un système de valeurs de base à respecter en classe. Parmi ces valeurs, elle privilégiera l'interaction, l'empathie, la tolérance et l'engagement.

« Je fais aux autres seulement ce que je veux que les autres me fassent (interagir).

J'écoute et j'essaie de comprendre l'autre si je veux qu'il m'écoute et essaie de me comprendre (être empathique).

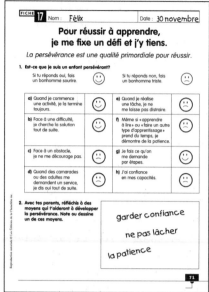

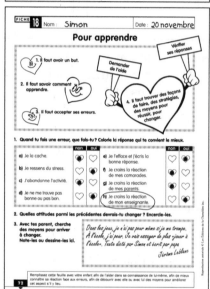

J'accepte de ne pas avoir et savoir tout, tout de suite, maintenant (être tolérant).

Tout ce que j'ai à faire mérite d'être fait, et bien fait (s'engager)[3]. »

Les élèves peuvent s'approprier ces différentes valeurs par le biais de saynètes. Ce sont les valeurs qui régissent la vie du groupe-classe. Un groupe organisé autour de valeurs développe plus facilement un sentiment d'appartenance. Les exemples ci-contre décrivent l'acquisition de valeurs à adopter en classe (*voir la fiche 17 à la page 71 et la fiche 18 à la page 72*).

Il est important, sinon indispensable, que l'enseignante instaure les trois conditions facilitantes avant de procéder à la mise en place du portfolio. En général, elle consacre le premier mois de l'année scolaire à cette tâche.

L'aspect matériel du portfolio

Cette partie aborde l'aspect matériel du portfolio, soit le contenant et le contenu.

Il y a plusieurs contenants possibles :

- un cartable ;
- un cahier spicilège ;
- une chemise ;
- une boîte ;
- un sac ;
- des fiches suspendues ;
- des chemises accordéon ;
- des pochettes de présentation.

L'idée du cartable est intéressante en raison de son côté pratique. Le cartable se transporte facilement, il est malléable, on peut y ajouter et y remplacer des pages.

Voici d'autres éléments utiles :

- des séparateurs pour identifier les différentes sections ;
- des protecteurs de feuille plastifiés ;
- des onglets ;
- des feuilles de couleurs variées.

On recommande d'inviter l'élève à personnaliser la page couverture du cartable à l'aide de dessins, de photographies, d'éléments découpés dans des magazines, etc. Le décor varie selon ses goûts personnels.

Si on a un contenant, c'est dans le but de le remplir. Ce qu'on peut verser dans un portfolio prend toutes sortes de formes, selon les productions et les apprentissages des élèves. Il peut s'agir :

- des réalisations d'un projet ;
- d'un journal de bord ;

---

3. Steve BISSONNETTE et Mario RICHARD, *Comment construire des compétences en classe*, Montréal, Chenelière/McGraw-Hill, 2001, p. 40.

- de grilles d'auto-observation ;
- de grilles de coévaluation ;
- de bandes audio ou vidéo ;
- de disquettes ;
- de photographies ;
- de résultats d'entrevues ;
- de différents travaux liés aux matières scolaires ;
- de réalisations personnelles ;
- de réflexions et commentaires ;
- de traces d'apprentissage.

La présentation du portfolio aux élèves

Voici différents scénarios expérimentés par des enseignantes pour faire comprendre le concept du portfolio aux élèves, décider de l'apparence du portfolio (contenant) et déterminer son contenu.

| Figure **3.2** | *Des exemples de scénarios* |

Scénario 1

- Analogie entre l'histoire du Petit Poucet et le concept du portfolio

- Lecture de l'histoire

- Discussion sur les éléments essentiels de l'histoire

- Discussion sur l'utilité des traces laissées par le Petit Poucet

- Établissement d'un parallèle entre les traces du portfolio et celles du Petit Poucet

Ce scénario amène l'élève à se rendre compte qu'en laissant des traces d'évaluation, il peut retracer facilement son cheminement d'apprentissage.

Scénario 2

- Présentation aux élèves d'une boîte magnifiquement décorée : c'est un coffre aux trésors qui contient leurs meilleures réalisations.

- Discussion sur ce qui fait éprouver de la fierté

- Parallèle entre le coffre aux trésors et le portfolio

- Remue-méninges pour trouver un contenant personnalisé

- Tempête d'idées sur le contenu

Une fois l'idée du portfolio lancée, il est important de permettre à chaque élève de personnaliser son contenant pour favoriser son appropriation.

Scénario 3

- La présentation du témoignage d'une ou d'un élève qui a déjà vécu l'utilisation du portfolio.

Scénario 4[4]

La présentation de son portfolio par une ou un artiste :

- Explication de l'utilité d'un portfolio dans son travail

- Démonstration des pièces qui constituent son portfolio

- Justification du choix des pièces

- Retour sur le cheminement de l'artiste à partir des pièces incluses dans le portfolio, des plus anciennes aux plus récentes

- Mention du sentiment de fierté associé au portfolio

Après la présentation de l'artiste, l'enseignante et les élèves procèdent à une tempête d'idées pour trouver des façons de réinvestir l'idée du portfolio d'artiste dans la classe. Après discussion, les élèves décident de compiler leur propre portfolio afin de pouvoir voir leur évolution dans une compétence donnée. Des élèves se donnent un défi et veulent observer leurs progrès à l'aide du portfolio.

Voici ce que les élèves ont choisi d'incorporer dans leur portfolio.

Quoi conserver ?	Pourquoi ?
• Feuilles	• Parce qu'on aime
• Bricolages	• Parce qu'on a travaillé avec attention
• Dessins	• Parce que le résultat est moins bon
• Photos	• Parce que le résultat est très bon
• Peintures	• Parce qu'on a fait des efforts
• Fiches d'apprentissage	• Parce qu'on éprouve de la fierté

---

4. Conçu par Nathalie TALBOT et Céline LACHAPELLE (enseignantes au préscolaire, école Aux-Quatre-Vents).

LE PORTFOLIO : DE LA DÉFINITION DU CONCEPT À SON APPLICATION EN CLASSE

La table des matières

La table des matières est une partie essentielle du portfolio, c'est elle qui permet de se retrouver dans le portfolio. Dans certains cas, on a besoin d'une table des matières codifiée. Les élèves déterminent alors leurs propres codes dans le but de faciliter l'utilisation du portfolio. Par exemple, voici un code possible : Mathématiques, séparateur bleu avec onglet M.

La table des matières énumère habituellement les trois grandes parties d'un portfolio. La figure 3.3 reproduit la table des matières d'un portfolio fictif dont nous allons décrire le contenu.

Figure 3.3 | *La table des matières d'un portfolio fictif*

Partie 1 Moi et les autres

Partie 2 Mes apprentissages me tiennent à cœur.

– Français

– Mathématiques

– Autres matières

– Projets

Partie 3 Mes initiatives ou Jardin secret

– Journal de bord

– Album souvenir

– Cahier « personnel »

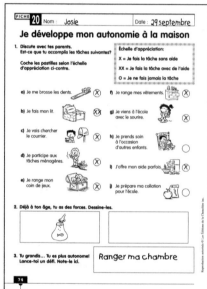

Dans la première partie, « Moi et les autres », on met les grilles d'autoévaluation et de coévaluation qui portent sur les attitudes et l'estime de soi. Cette partie a pour but d'aider l'élève à devenir plus responsable de ses attitudes envers soi et les autres. Voici quelques éléments qu'on peut verser dans cette partie du portfolio. (*Les exemples se trouvent sur les pages 33 et 34*).

- « Je découvre mon autonomie » : invite l'élève à reconnaître ses forces et à se donner des défis (*voir la fiche 19 à la page 73*).
- « Je développe mon autonomie à la maison » : a pour but de favoriser l'estime de soi en faisant le lien entre l'école et la maison (*voir la fiche 20 à la page 74*).
- « Ce que j'aime en classe » : met en évidence des intérêts des élèves (*voir la fiche 21 à la page 75*).
- « Dans ma classe, je me sens... » : met en évidence des sentiments et des perceptions de l'élève par rapport à l'école (*voir la fiche 22 à la page 76*).
- « Moi et mes attitudes (1re partie) » : met en évidence les forces et les défis de l'élève sur le plan des attitudes (*voir la fiche 23A à la page 77*).
- « Moi et mes attitudes (2e partie) » : expose les règles de vie à respecter en classe (*voir la fiche 23B à la page 78*).

La deuxième partie, intitulée « Mes apprentissages me tiennent à cœur », contient les travaux sélectionnés dans différentes matières ainsi que des réalisations lors des projets.

On y trouve aussi des commentaires de l'élève, de l'enseignante et des parents, des réflexions personnelles sur un travail, des défis et des moyens que l'élève s'est donnés. De plus, on peut y verser des mises au point ou des portraits concernant le cheminement de l'élève. Il n'est pas toujours nécessaire d'utiliser une grille ou une feuille élaborée à l'avance pour inclure des commentaires dans le portfolio. Il suffit que l'élève, l'enseignante, les parents ou même des camarades mettent par écrit leurs réflexions sur une réalisation de l'élève.

La page 33 présente quelques exemples de fiches à insérer dans cette partie du portfolio (*voir les fiches 24 à 26 aux pages 79 à 91*).

La troisième partie, « Mes initiatives » ou « Jardin secret », est réservée au contenu plus personnel comme un journal de bord, un album souvenir, une production faite à la maison, un travail en projet, un outil personnel qui aide l'élève dans ses apprentissages. L'élève y verse ce qu'elle ou qu'il a réalisé de sa propre initiative. Des exemples sont aussi présentés à la page 33.

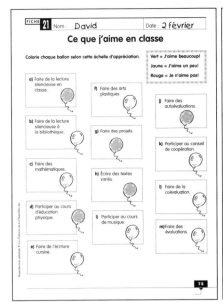

FICHE 21 Nom : David   Date : 2 février

Ce que j'aime en classe

Colorie chaque ballon selon cette échelle d'appréciation.   Vert = J'aime beaucoup! / Jaune = J'aime un peu! / Rouge = Je n'aime pas!

a) Faire de la lecture silencieuse en classe.

b) Faire de la lecture silencieuse à la bibliothèque.

c) Faire des mathématiques.

d) Participer au cours d'éducation physique.

e) Faire de l'écriture cursive.

f) Faire des arts plastiques.

g) Faire des projets.

h) Écrire des textes variés.

i) Participer au cours de musique.

j) Faire des autoévaluations.

k) Participer au conseil de coopération.

l) Faire de la coévaluation.

m) Faire des évaluations.

75

FICHE 22 Nom : Jérémie   Date : 3 mars

Dans ma classe, je me sens...

1. Observe bien le dessin...
Choisis le personnage qui ressemble le plus à ce que tu vis dans la classe, à tes attitudes, à tes façons d'aborder les difficultés. Colorie-le.

2. Pourquoi est-ce que tu lui ressembles?

> Je n'ai pas toujours le goût de participer avec les autres.

Signature de l'élève : Jérémie

76

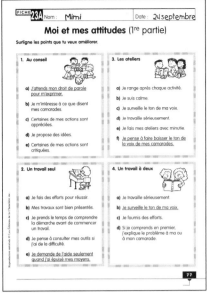

FICHE 23A Nom : Mimi   Date : 24 septembre

Moi et mes attitudes (1re partie)

Surligne les points que tu veux améliorer.

1. Au conseil

a) J'attends mon droit de parole pour m'exprimer.

b) Je m'intéresse à ce que disent mes camarades.

c) Certaines de mes actions sont appréciées.

d) Je propose des idées.

e) Certaines de mes actions sont critiquées.

2. Un travail seul

a) Je fais des efforts pour réussir.

b) Mes travaux sont bien présentés.

c) Je prends le temps de comprendre la démarche avant de commencer un travail.

d) Je pense à consulter mes outils si j'ai de la difficulté.

e) Je demande de l'aide seulement quand j'ai épuisé mes moyens.

3. Les ateliers

a) Je range après chaque activité.

b) Je suis calme.

c) Je surveille le ton de ma voix.

d) Je travaille sérieusement.

e) Je fais mes ateliers avec minutie.

f) Je pense à faire baisser le ton de la voix de mes camarades.

4. Un travail à deux

a) Je travaille sérieusement.

b) Je surveille le ton de ma voix.

c) Je fournis des efforts.

d) Si je comprends en premier, j'explique le problème à ma ou à mon camarade.

77

FICHE 23B Nom : Mimi   Date : 25 septembre

Moi et mes attitudes (2e partie)

Surligne les points que tu veux améliorer.

1. Les règles de vie et moi

1) Je suis calme dans les rangs.

2) Je range mon sac tous les jours.

3) Je fais toutes mes tâches.

4) Je m'organise en entrant dans la classe.

5) Je respecte le code de vie de l'école.

6) Je suis calme dans les corridors.

7) En musique, je respecte les consignes.

8) En éducation physique, je respecte les consignes.

9) Quand il le faut, j'arrête mon activité et j'écoute.

10) J'apporte tous mes outils pour le travail à la maison.

2. Mes attitudes avec mon entourage

1) Je règle bien mes conflits.

2) Je respecte les difficultés de mes camarades en les aidant.

3) Je suis polie ou poli avec les autres.

4) Je dis la vérité.

3. Pendant un exposé

1) J'attends mon tour pour parler.

2) Je lève la main pour demander la parole.

3) Je me concentre bien pour écouter.

4) Je cherche à bien comprendre ce que mon enseignante explique.

5) Je ne me gêne pas pour poser des questions si je ne comprends pas.

Commentaires :

Je n'y pense jamais. Je n'ai pas assez de temps
Je te prépare une routine et tu devras la suivre.

À la maison, nous avons le même genre de problème.
Nous allons aussi lui faire suivre une routine.

78

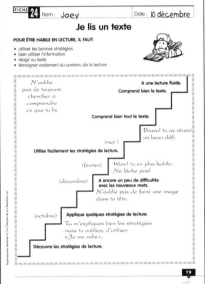

FICHE 24 Nom : Joey   Date : 10 décembre

Je lis un texte

POUR ÊTRE HABILE EN LECTURE, IL FAUT:
• utiliser les bonnes stratégies.
• bien utiliser l'information.
• réagir au texte.
• témoigner oralement du contenu de la lecture.

À une lecture fluide. Comprend bien le texte.

N'oublie pas de toujours chercher à comprendre ce que tu lis

Comprend bien tout le texte.

Bravo! tu as réussi un beau défi.

(mai) Utilise facilement les stratégies de lecture.

(février) Wow! tu es plus habile. Ne lâche pas!

(décembre) A encore un peu de difficultés avec les nouveaux mots. N'oublie pas de faire une image dans ta tête.

(octobre) Applique quelques stratégies de lecture.
Tu m'expliques bien les stratégies mais tu oublies d'utiliser « Je me relis ».

Découvre les stratégies de lecture.

79

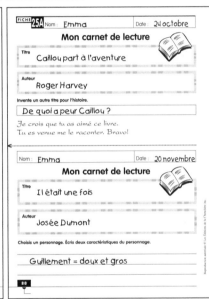

FICHE 25A Nom : Emma   Date : 24 octobre

Mon carnet de lecture

Titre : Caillou part à l'aventure

Auteur : Roger Harvey

Invente un autre titre pour l'histoire.

De quoi a peur Caillou ?

Je crois que tu as aimé ce livre.
Tu es venue me le raconter. Bravo!

Nom : Emma   Date : 20 novembre

Mon carnet de lecture

Titre : Il était une fois

Auteur : Josée Dumont

Choisis un personnage. Écris deux caractéristiques du personnage.

Guillemet = doux et gros

80

La visite des parents

Ils sont venus dans notre classe et on leur a tout raconté nos projets. C'était très très le fun de présenter devant les parents et les enfants de la classe. Tous les amis de la classe avaient un sujet et chacune des équipes faisait son sujet.
On s'est bien amusé à faire ce projet. On pourrait dire que c'était très très le fun.

Léa

Mardi 23 novembre 2001

Mon rêve est d'aller en Floride à Walt Disney. Pour y arriver, toute la famille met des sous tous les jours dans une grosse tirelire que nous avons décorée Date prévue janvier 2002.

Jeudi 30 novembre 2001

Bonjour Samuel!

je vous souhaite d'aller à Walt Disney.
je n'y suis jamais allée. Il paraît que
c'est fantastique. Tu es un garçon
tellement exceptionnel que je suis certaine que
ton rêve va se réaliser.

Nathalie XXX

J'aime Pâques

Inès

Le lapin va cacher des surprises et des chocolats. Le lapin est très gentil. Aimes-tu Pâques et le lapin de Pâques ?

L'utilisation du portfolio dans la vie de la classe

Une fois qu'on a mis en place toute la logistique d'implantation du portfolio, il faut commencer à collectionner les travaux, faire la sélection quand cela s'impose, porter un regard sur le chemin parcouru, préparer une présentation et poursuivre les apprentissages.

La collection des travaux

La collection des travaux doit respecter l'esprit des objectifs d'apprentissage. L'élève ou l'enseignante, parfois les deux ensemble, choisissent les travaux signifiants, c'est-à-dire qui répondent à des critères prédéterminés.

Les travaux peuvent prendre différentes formes : des traces écrites, des bandes audio ou vidéo d'une communication, etc. Il est à noter que tout ce qu'on verse au portfolio doit absolument porter les commentaires de l'élève, de l'enseignante, des pairs ou des parents, ainsi que la date.

Toutefois, il ne suffit pas de mettre n'importe quelle production dans le portfolio. Le portfolio ne doit pas devenir un simple ramassis de travaux d'élèves. Il n'est pas non plus un dossier qui remplace une simple chemise. Au contraire, cette collection de travaux suit la logique de la compétence.

Une compétence s'acquiert dans le temps, un temps relativement long par ailleurs. Par conséquent, tout au long du développement d'une compétence, l'élève se retrouve régulièrement dans des situations diverses et signifiantes d'apprentissage et d'évaluation. Un portfolio compilé dans ces conditions servira à contenir et à gérer des observations variées qui mettront en évidence le cheminement de l'élève.

Voici des exemples de traces d'une situation d'apprentissage que l'élève peut verser dans son portfolio (*voir aussi les fiches 27A à 27D aux pages 92 à 95*).

L'autoévaluation est une prise de conscience du savoir écrire par l'élève. Le rôle du portfolio sur ce plan est en même temps de gérer le processus d'apprentissage. C'est tout le travail de la métacognition qui est visé ici. L'élève se rend progressivement compte que l'autoévaluation de son texte fait partie du processus d'écriture dans la vie courante.

L'exemple suivant met en évidence le cheminement de l'élève dans le temps. Grâce aux dates apposées sur les documents, l'élève pourra retracer l'évolution de son apprentissage (*pour « Portrait de mes apprentissages en écriture », voir la fiche 28 à la page 96*).

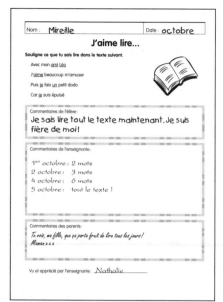

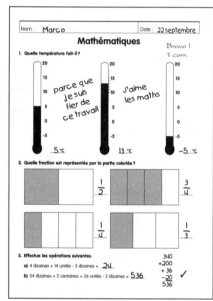

La sélection des traces pertinentes

Au fil de la compilation, le portfolio se remplit. Quand il n'y a plus de place, qu'on s'y retrouve difficilement, il est temps de faire le ménage.

La sélection des traces pertinentes doit respecter des critères bien définis au préalable. Il faut revenir à la base. Quelle est la compétence visée ? Quels critères permettent d'affirmer que le développement de cette compétence progresse ? Ces mêmes critères vont servir à décider si un élément du portfolio est encore pertinent. Les éléments pertinents d'un portfolio vont, entre autres :

- **démontrer que l'élève a progressé ;**
- **indiquer le défi que l'élève doit relever ;**
- **garder les traces du processus lié à une production, à une réalisation ;**
- **contenir les réflexions de l'élève sur ses apprentissages ;**
- **démontrer l'effort de l'élève à se prendre en charge ;**
- **permettre à l'élève d'exprimer sa fierté.**

L'élève doit justifier le choix des traces laissées dans le portfolio. Pour chaque élément, il lui faut répondre à la question suivante : « Pourquoi devrais-je garder cette trace dans mon portfolio ? » Cette réflexion lui permet de faire un choix judicieux des travaux à conserver. Voici des exemples où les élèves ont indiqué pourquoi leur travail méritait d'être versé au portfolio.

Il arrive souvent que les élèves ont besoin d'idées pour justifier le choix de leurs productions. L'enseignante peut inviter ses élèves, en équipes ou en grand groupe, à se constituer une banque d'idées à partir de la question suivante : « Pour quelles raisons met-on un travail dans le portfolio ? »

Voici une liste d'idées émises par des élèves du premier cycle.

Je le garde…

- parce que je trouve que j'ai amélioré mon orthographe…
- parce que je me rends compte des stratégies gagnantes que je pourrai encore utiliser.
- parce que j'ai encore besoin d'aide, ou j'ai encore besoin de l'améliorer.
- parce que je pensais ne pas réussir et j'ai réussi.
- parce qu'il démontre que j'ai relevé mon défi.
- parce que c'est une preuve que je réussis bien.
- parce que je vois ce que je vais améliorer la prochaine fois.
- parce que je m'aperçois que je suis capable.
- pour ce que j'ai appris de nouveau.
- parce que c'est mon meilleur travail.
- parce qu'il m'encourage à continuer, à persévérer.
- pour démontrer ma fierté à mes parents.
- pour le montrer à mes grands-parents tellement je suis fière.

L'étape de la sélection des travaux du portfolio aide l'élève à avoir un regard rétrospectif sur son cheminement d'apprentissage.

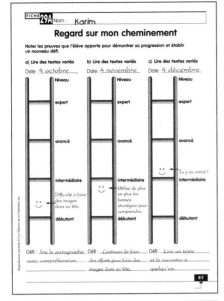

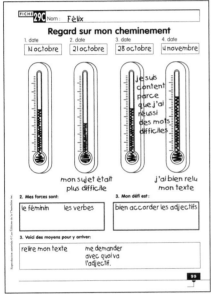

En plus des pistes de réflexion, des outils visuels peuvent aider l'élève à faire le point sur ses apprentissages. En voici quelques exemples (*voir les fiches 29A à 29C aux pages 97 à 99*).

Un regard sur le chemin parcouru

Le portfolio aide l'élève à se rendre compte qu'il a progressé, lui donne de la motivation. En réaction, la participation de l'élève devient plus consciente et engageante. La découverte de ses propres limites l'amène à se donner des défis à sa taille. Le processus d'apprentissage prend un sens puisque l'élève y contribue par ses efforts et sa persévérance. L'élève repère ses erreurs et, avec son enseignante, trouve des moyens d'y remédier. C'est une grande source de fierté.

La figure 3.4 illustre un modèle d'organisation possible pour aider l'élève à faire la synthèse de ses apprentissages, le « schéma heuristique ». Il s'agit d'une technique graphique efficace qui permet aux élèves de structurer leurs idées, de faire des liens entre les éléments appris sur un sujet précis. Selon Tony Buzan (1993, p. 59), le schéma heuristique présente les caractéristiques suivantes :

« 1. Le sujet d'attention est cristallisé dans une image centrale.

2. Les grand thèmes du sujet irradient ou se ramifient comme des branches à partir de l'image centrale.

3. Les branches comportent une image ou un mot clé imprimé sur une ligne. Les thèmes de moindre importance sont également représentés sous forme de branches partant des branches plus centrales.

4. Les branches forment une structure nodale. »

L'élève a compilé son portfolio, a sélectionné les travaux les plus pertinents en regard de ses apprentissages, et a fait un retour sur le chemin parcouru. À présent, tout est prêt pour passer à une nouvelle étape : la présentation du portfolio aux parents ou aux pairs.

Figure **3.4**   *Un modèle d'organisation pour favoriser la synthèse des apprentissages*

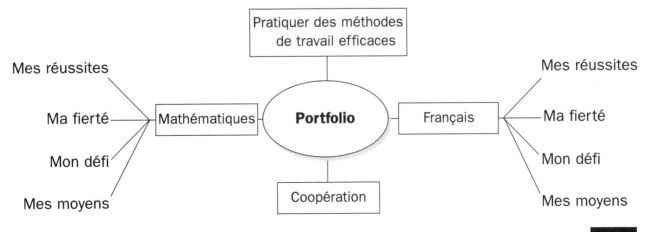

La présentation du portfolio

Tous les artistes ressentent une grande fierté au moment de présenter leur réalisations. Il en va de même pour l'élève ; la présentation du contenu de son portfolio est un moment très important dans son cheminement. Chaque présentation est une occasion spéciale de célébrer ses apprentissages et de reconnaître leur valeur. Il y a plusieurs moments propices à ces présentations :

- ✏ lors de la remise du bulletin à chaque trimestre, en présence des parents ;
- ✏ lors du bilan d'apprentissage de fin de cycle, en présence de la prochaine enseignante ;
- ✏ lors de journées d'activités spéciales, en présence d'élèves d'autres classes, de la direction de l'école, des grands-parents, etc.

Lors de la présentation du portfolio, les parents, les camarades et l'enseignante peuvent, par le biais de commentaires constructifs, contribuer au développement de l'élève. La présentation a aussi l'effet, chez certains élèves, de clarifier les défis à se donner ainsi que les stratégies à utiliser pour les relever.

La mise au point

Le principe même du portfolio en classe exige de l'enseignante qu'elle effectue des retours sur les défis que l'élève s'est donnés. C'est ainsi qu'on boucle la boucle avant de chercher à acquérir de nouveaux savoirs dans la compétence en cours.

Il arrive que des élèves doivent faire un travail particulier dans le cadre de leur défi. Une fois le travail terminé, l'enseignante en fait la vérification. Il y a bien des façons de reconnaître les acquis des élèves… peut-être autant qu'il y a d'enseignantes !

Une enseignante a tenté l'expérience suivante lors d'une synthèse de fin de trimestre (*voir la fiche 30 à la page 100*).

Le but de cette enseignante est d'amener ses élèves à se donner des défis en fonction de leur cheminement dans une compétence donnée. C'est l'occasion de faire le point sur l'étape précédente et de préparer la prochaine.

En premier lieu, l'enseignante invite les élèves à discuter en classe de leur défi. Les défis sont notés dans une grosse étoile affichée au babillard de la classe.

L'enseignante invite ensuite les élèves à partager avec le groupe des idées et des stratégies pour relever ces défis.

Chaque enfant choisit par la suite un défi personnel. Les élèves consultent leur portfolio pour trouver des traces qui justifient leur choix. Chaque élève fait sa propre étoile.

Les élèves peuvent travailler avec les camarades qui ont le même défi. Ils échangent de façon naturelle sur les moyens, les stratégies à se donner pour relever leur défi. Une « communauté d'apprentissage », pour emprunter le terme de Perrenoud (1998) se forme spontanément.

LE PORTFOLIO : DE LA DÉFINITION DU CONCEPT À SON APPLICATION EN CLASSE

À partir des moyens et des stratégies élaborés par les élèves, la classe fait une liste de matériel utile pour aller de l'avant. Par exemple, des jeux de lecture, pour le défi « Je m'améliore en lecture », du matériel de manipulation en mathématiques pour comprendre le concept d'addition. Le matériel va dans des coins-ateliers. Chaque jour, pendant une période d'environ 30 minutes, les élèves se rendent à l'atelier correspondant à leur défi. Ces ateliers ne sont ni contraignants ni obligatoires. L'essentiel, c'est que l'élève fasse quelque chose par rapport à son défi et laisse des traces dans son portfolio.

Quand l'élève pense avoir relevé son défi, elle ou il prend rendez-vous avec l'enseignante. L'enseignante souligne le succès de l'élève par une marque de reconnaissance des acquis. Elle peut, par exemple :

- décerner un diplôme ;
- photographier l'élève avec sa réalisation ;
- publier ses meilleurs textes dans le journal de l'école.

Après la mise au point, les élèves se fixent de nouveaux buts à atteindre en fonction des référents de base et le cycle d'utilisation du portfolio recommence. La figure 3.5 illustre le cycle d'utilisation du portfolio en classe.

| Figure **3.5** | *Le cycle d'utilisation du portfolio en classe* |

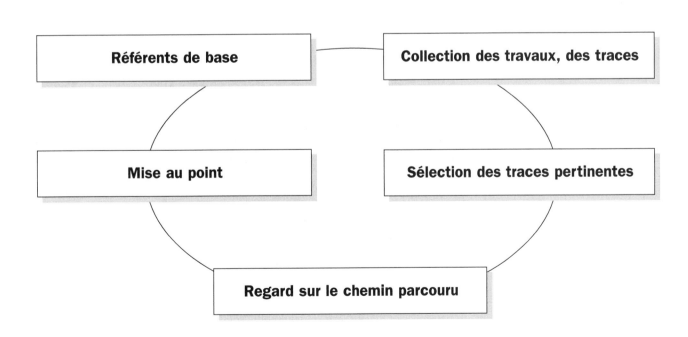

Les rencontres liées au portfolio

Durant le cycle d'utilisation du portfolio en classe, diverses rencontres au sujet du portfolio ont un rôle important à jouer. Il y a trois types de rencontre à prévoir. La première consiste à vendre l'idée du portfolio aux parents. La deuxième se déroule entre l'élève et l'enseignante. Enfin, la troisième rencontre permet à l'élève de faire la présentation de son portfolio aux parents.

La rencontre d'information aux parents

Dans le but d'aider les parents à jouer leur rôle de motivateurs, l'enseignante prévoit une rencontre d'information avec eux en début d'année scolaire. Cette rencontre a comme objectif de renseigner les parents sur ce qu'est le portfolio et de les convaincre de la pertinence de l'utiliser.

Cette rencontre peut se dérouler de différentes façons, selon le choix de l'enseignante. Des enseignantes invitent une ou un élève qui a déjà vécu l'utilisation du portfolio en classe à faire un témoignage. Bien sûr, l'enseignante rencontre l'élève à l'avance et prépare avec lui la présentation.

D'autres enseignantes invitent plutôt un parent dont l'enfant a déjà connu l'expérience du portfolio. Une autre possibilité est de préparer des ateliers où les parents devront travailler de concert pour trouver des réponses relativement à la compréhension du portfolio en classe. L'enseignante qui veut implanter le portfolio doit insister sur son intention réelle.

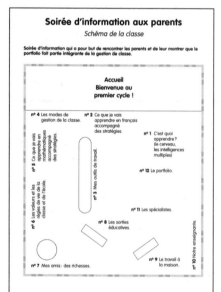

Enfin, des enseignantes présentent le portfolio aux parents comme un élément intégré dans la structure et la gestion de classe. Voici un modèle expérimenté au premier cycle. Il résulte d'un projet de classe qui s'est étalé sur un mois. L'enseignante, en collaboration avec ses élèves, a élaboré l'organisation ci-contre.

Chaque élève avait un rôle à jouer dans un atelier. Ce sont les élèves qui ont présenté les différents ateliers, dont celui du portfolio, aux parents.

Ainsi, à l'atelier 5, des élèves devaient présenter les compétences visées en mathématiques dans leurs propres mots. À l'atelier 6, les élèves responsables devaient parler des valeurs et des règles de vie de la classe et de l'école. Ils avaient la consigne de faire le lien entre certaines valeurs et la logique du portfolio. Par exemple, comme le portfolio exige que les élèves s'évaluent entre pairs, la valeur du respect prend tout son sens.

La rencontre axée sur l'élève

La rencontre axée sur l'élève se vit entre l'enseignante et l'élève. Les deux ensemble réfléchissent sur les forces de l'élève, ses défis et les stratégies appliquées. La rencontre a pour but d'aider l'élève à mieux comprendre son cheminement, à développer la pratique réflexive sur ses apprentissages. Elle peut avoir lieu à tout moment du processus d'apprentissage, en particulier à chaque fin de trimestre ; c'est l'occasion de faire de façon formelle le portrait du chemin parcouru par l'élève.

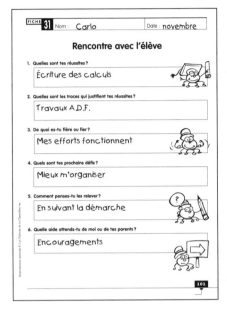

L'enseignante peut prévoir divers outils pour orienter la rencontre avec l'élève. L'exemple ci-contre présente une liste de questions utiles par rapport à une compétence visée (*voir la fiche 31 à la page 101*).

Après avoir vécu au moins une fois la rencontre axée sur l'élève, suivie d'une rencontre où l'élève explique le portfolio aux parents, les autres entretiens avec les parents peuvent se faire à la maison.

En vue de faciliter ces entretiens, l'enseignante prévoit un guide que l'élève va utiliser avec ses parents. Avant d'envoyer ce guide à la maison, l'enseignante fait une objectivation collective avec tous ses élèves. Pour ce faire, bon nombre d'enseignantes privilégient la coopération dans leur classe. Les élèves s'entraident pour préparer leur rencontre avec leurs parents à la maison. Le guide d'entretien enfant-parents à la maison est reproduit ci-contre (*voir la fiche 32B, à la page 103*).

L'enseignante profite de ses rencontres avec l'élève pour l'amener à se faire confiance. Elle l'encourage à transformer ses difficultés en défis à relever et met en valeur tout progrès réalisé par l'élève. De plus, elle en retire des pistes de remédiation qu'elle verra à exploiter dans son enseignement.

Rencontrer individuellement les élèves est une tâche exigeante. À cet égard, nous présentons quelques modes d'organisation déjà expérimentés en classe.

🖊 Vers la fin du premier trimestre, l'enseignante rencontre quelques élèves de façon régulière chaque jour. Elle fait en sorte de voir tous les élèves avant la remise des bulletins. Cette façon de faire permet à l'enseignante de garder le contrôle sur le reste de la classe tout en effectuant une rétroaction personnalisée. Lors de ces rencontres, les questions suggérées ci-haut peuvent servir de canevas pour guider l'échange.

🖊 Vers la fin d'une période d'apprentissage importante, l'enseignante prévoit toutes ses rencontres en une seule journée. Pendant cette journée, elle invite un parent ou une autre personne à faire vivre aux élèves différentes activités (arts plastiques, visionnement d'un film, jeux, période de lecture à deux ou silencieuse, etc.). Pendant ce temps, l'enseignante s'installe dans un coin qui favorise l'échange sur le portfolio.

🖊 Pour les élèves habitués à travailler en ateliers, l'organisation d'une journée de rencontres axées sur l'élève devient plus facile. La veille, l'enseignante planifie le déroulement de la journée et prévoit des règles de conduite en collaboration avec les élèves. Les élèves s'engagent à respecter ces règles. En plus des ateliers, il faut prévoir des activités individuelles, comme un travail à terminer, de la lecture individuelle, un projet, etc. Généralement, comme chaque élève participe au choix des activités de la journée, le respect des règles de conduite est facile à obtenir. Dès lors l'enseignante peut facilement se retirer dans un coin pour rencontrer chaque élève.

La rencontre destinée à la présentation du portfolio aux parents

Puisque le bulletin existe et qu'il va continuer à exister comme document officiel, il est important de faire le lien entre le bulletin et le portfolio. Le portfolio est un outil relié au processus d'apprentissage, tandis que le bulletin fait le point à différents moments prévus au calendrier scolaire. Les deux documents ne se contredisent pas ; au contraire, ils se complètent. La note ou la cote qui se retrouve dans le bulletin est justifiée par des traces concrètes que les parents trouveront dans le portfolio.

Après la présentation du portfolio, certains parents trouvent cet outil si révélateur que le bulletin en devient plus clair et moins important en cours d'apprentissage.

L'élève prend la direction de ces rencontres. Avec l'enseignante, elle ou il a participé à la planification de la rencontre et a prévu ce qu'il lui faut pour réussir sa présentation : un aide-mémoire, des traces qui montrent son cheminement, des outils de synthèse, dont voici des exemples (*voir les fiches 32C à 34 aux pages 104 à 108*).

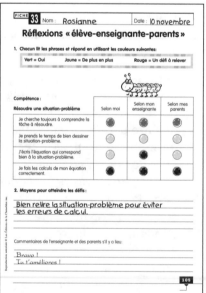

Le rôle des intervenantes et des intervenants

Non seulement le portfolio est-il un outil qui donne lieu à une communication riche entre l'élève et l'enseignante, mais il permet également de garder un contact régulier avec les parents. Dans cette optique, une relation spéciale doit s'établir entre les trois parties, chacune ayant son rôle et ses responsabilités. Dans une classe qui utilise le portfolio, l'enseignante se doit de privilégier les relations entre parents, élève et enseignante.

Les encadrés des pages suivantes démontrent comment l'élève remplit son rôle d'acteur, alors que l'enseignante l'accompagne et que les parents le motivent.

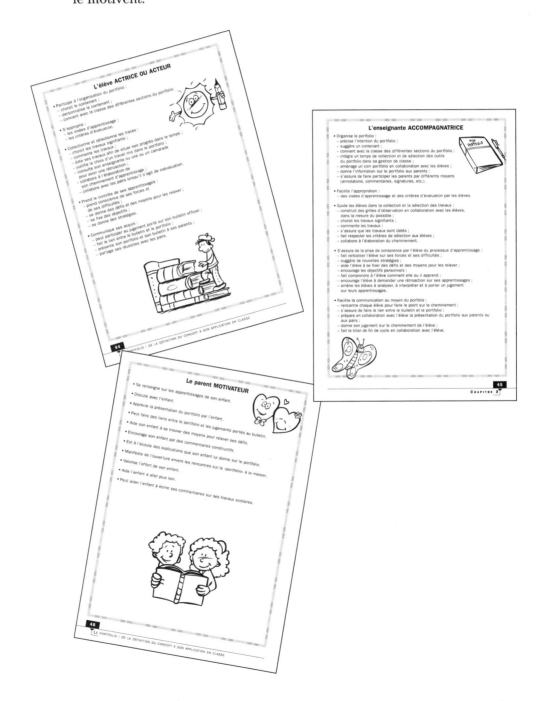

L'élève ACTRICE OU ACTEUR

- Participe à l'organisation du portfolio :
  – choisit le contenant ;
  – personnalise le contenant ;
  – convient avec la classe des différentes sections du portfolio.

- S'approprie :
  – les visées d'apprentissage ;
  – les critères d'évaluation.

- Collectionne et sélectionne les traces :
  – choisit les travaux signifiants ;
  – commente les travaux ;
  – date ses travaux afin de situer ses progrès dans le temps ;
  – justifie le choix d'un travail mis dans le portfolio ;
  – consulte son enseignante ou une ou un camarade
     pour avoir une rétroaction ;
  – collabore à l'élaboration de
     son cheminement d'apprentissage ;
  – collabore avec les pairs lorsqu'il s'agit de coévaluation.

- Prend le contrôle de ses apprentissages :
  – prend conscience de ses forces et
     de ses difficultés ;
  – se donne des défis et des moyens pour les relever ;
  – se fixe des objectifs ;
  – se donne des stratégies.

- Communique ses acquis :
  – peut participer au jugement porté sur son bulletin officiel ;
  – fait le lien entre le bulletin et le portfolio ;
  – présente son portfolio et son bulletin à ses parents ;
  – partage ses réussites avec les pairs.

L'enseignante ACCOMPAGNATRICE

- Organise le portfolio :
  - précise l'intention du portfolio ;
  - suggère un contenant ;
  - convient avec la classe des différentes sections du portfolio ;
  - intègre un temps de collection et de sélection des outils
    du portfolio dans sa gestion de classe ;
  - aménage un coin portfolio en collaboration avec les élèves ;
  - donne l'information sur le portfolio aux parents ;
  - s'assure de faire participer les parents par différents moyens
    (annotations, commentaires, signatures, etc.).

- Facilite l'appropriation :
  - des visées d'apprentissage et des critères d'évaluation par les élèves.

- Guide les élèves dans la collection et la sélection des travaux :
  - construit des grilles d'observation en collaboration avec les élèves,
    dans la mesure du possible ;
  - choisit les travaux signifiants ;
  - commente les travaux ;
  - s'assure que les travaux sont datés ;
  - fait respecter les critères de sélection aux élèves ;
  - collabore à l'élaboration du cheminement.

- S'assure de la prise de conscience par l'élève du processus d'apprentissage :
  - fait verbaliser l'élève sur ses forces et ses difficultés ;
  - suggère de nouvelles stratégies ;
  - aide l'élève à se fixer des défis et des moyens pour les relever ;
  - encourage les objectifs personnels ;
  - fait comprendre à l'élève comment elle ou il apprend ;
  - encourage l'élève à demander une rétroaction sur ses apprentissages ;
  - amène les élèves à analyser, à interpréter et à porter un jugement
    sur leurs apprentissages.

- Facilite la communication au moyen du porfolio :
  - rencontre chaque élève pour faire le point sur le cheminement ;
  - s'assure de faire le lien entre le bulletin et le portfolio ;
  - prépare en collaboration avec l'élève la présentation du portfolio aux parents ou
    aux pairs ;
  - donne son jugement sur le cheminement de l'élève ;
  - fait le bilan de fin de cycle en collaboration avec l'élève.

Le parent MOTIVATEUR

- Se renseigne sur les apprentissages de son enfant.

- Discute avec l'enfant.

- Apprécie la présentation du portfolio par l'enfant.

- Peut faire des liens entre le portfolio et les jugements portés au bulletin.

- Aide son enfant à se trouver des moyens pour relever ses défis.

- Encourage son enfant par des commentaires constructifs.

- Est à l'écoute des explications que son enfant lui donne sur le portfolio.

- Manifeste de l'ouverture envers les rencontres sur le «portfolio» à la maison.

- Valorise l'effort de son enfant.

- Aide l'enfant à aller plus loin.

- Peut aider l'enfant à écrire ses commentaires sur ses travaux scolaires.

Les effets de l'utilisation du portfolio en classe

L'utilisation du portfolio a des retombées dans la vie de classe. Les plus importantes sont la démythification de l'évaluation, la suppression des épreuves de fin d'étape, le développement de stratégies qui facilitent la gestion de l'autoévaluation et de la coévaluation, les changements dans la gestion de classe et les relations avec les parents.

L'évaluation démythifiée

Avec le portfolio, les élèves connaissent les critères d'évaluation et ont une meilleure idée du but à atteindre.

> « Je sais où je m'en vais. Je connais l'objectif et je sais comment je vais savoir que je me suis amélioré. Le professeur m'aide à comprendre ce qu'il veut que je fasse, comment je vais m'y prendre… »
>
> (Un élève de 5e année)

> « Je connais les buts de mon travail. Je sais toujours pourquoi je le fais. »
>
> (Un élève de 2e année)

L'évaluation se démythifie pour l'élève. Elle n'est plus une source d'inquiétude et de stress, mais sert dorénavant à aider. Elle est devenue un outil qui permet de reconnaître les points à améliorer, les progrès réalisés, etc. L'élève peut aller plus loin, jouant à présent un rôle actif dans son évaluation.

> « L'évaluation m'aide à savoir ce que je sais et ce que je dois travailler. Avec "Je m'évalue" je n'ai plus besoin de Nathalie pour voir mes erreurs. »
>
> (Tiré d'un entretien avec un élève de 3e année du primaire)

Bref, l'enseignante n'assume plus seule la responsabilité de l'évaluation face aux parents. L'élève y prend une part active et sait justifier la cote ou la note qui lui est attribuée dans le bulletin. Les parents eux-mêmes n'ont pas de surprises à la fin d'une période importante d'apprentissage.

Comme l'élève s'autoévalue souvent, qui d'autre pourrait mieux expliquer à ses parents les points qui restent nébuleux dans ses apprentissages ?

> « [….] Le fait de faire le bulletin, sur certains points, avec chaque élève, je n'ai plus à me préoccuper des justifications à donner aux parents. L'élève est témoin de son cheminement. Je ne suis plus seule sur le podium. »
>
> (Une enseignante du 2e cycle)

La suppression des épreuves de fin d'étape

C'est une pratique fréquente chez les enseignantes de faire passer des épreuves aux élèves pendant une semaine ou deux pour se doter d'outils justifiant le jugement émis dans le bulletin. Les enseignantes qui utilisent le portfolio s'aperçoivent avec plaisir que ces épreuves représentent une perte de temps ; avec le portfolio, l'évaluation se fait en même temps que les apprentissages.

> Je n'ai plus besoin de m'arrêter à la fin de chaque étape pour faire passer les examens. Je suis capable de voir le cheminement de chaque élève au moyen du portfolio. J'ai constaté que je perdais du temps avec ces examens qui ne m'apprenaient rien de nouveau sur ce que j'avais progressivement observé en cours d'apprentissage. En plus, les parents sont régulièrement au courant du cheminement de leur enfant, car le portfolio leur est envoyé souvent. J'ai souvent leurs commentaires. (Une enseignante du 3e cycle)

Le développement de stratégies pour faciliter la gestion de l'autoévaluation et de la coévaluation

Les enseignantes qui ont introduit ces types d'évaluation dans leurs pratiques pédagogiques mettent l'accent sur les apprentissages. Elles placent souvent les élèves en situation d'évaluation, mais elles corrigent moins. Elles acceptent de faire participer à l'évaluation chaque élève de la classe. Ainsi, l'autoévaluation et l'évaluation par les pairs sont des pratiques privilégiées en classe. La répartition de la tâche d'évaluation allège le travail de l'enseignante. Des enseignantes privilégient l'objectivation en grand groupe et demandent aux élèves placés en sous-groupes de s'écrire des commentaires.

Voici d'autres stratégies élaborées par des enseignantes qui ont adopté le portfolio en classe, accompagnées d'exemples.

- Préparer un outil de référence pour apprécier un travail des élèves. Les élèves rangent cet outil dans leur coffre à outils et le consultent au besoin. (*Voir les fiches 35 à 37 aux pages 109 à 111.*)

- Demander à des élèves plus avancés de faire les secrétaires pour des élèves plus jeunes.

- Pour identifier les feuilles qui seront utiles pendant toute l'année, placer un onglet et faire un symbole qui permet de repérer facilement l'outil en question.

- Aménager un coin portfolio et y afficher des démarches, des pensées qui inspirent la réflexion. Ce même coin sert aux élèves qui veulent discuter de leur travail lors des ateliers libres.

- Si une enseignante est habile à l'ordinateur, elle peut écrire directement les propositions de défis ou de stratégies lors des tempêtes d'idées.

Les changements dans la gestion de classe

Les enseignantes qui utilisent le portfolio dans leur classe finissent par abandonner certaines de leurs habitudes de gestion de classe.

« J'ai constaté que pour développer le portfolio dans ma classe il fallait que je change certaines de mes habitudes de gestion de classe. Je favorise la coopération : avant je ne supportais pas les travaux d'équipes, car cela entraînait le bruit en classe. J'avais l'impression de perdre le contrôle de ma classe. Maintenant je ne peux plus m'en passer. Les élèves ont besoin de se parler, de se corriger entre eux, de se donner des suggestions. Cela me permet d'ailleurs d'alléger le fardeau de correction à la maison. Je n'ai plus à transporter ma classe à chaque soir à la maison. Je suis étonnée de remarquer que ce que j'appelais bruit est plutôt une preuve que mes élèves sont en apprentissage. »

(Une enseignante du 1er cycle)

Les relations avec les parents

Le portfolio permet d'informer les parents de façon claire et régulière. À preuve les quelques témoignages de parents qui suivent.

« Je sais ce que mon enfant fait à l'école. »

« J'ai un enfant qui ne s'exprime pas beaucoup. Le portfolio a permis de faciliter les échanges sur ce qu'il fait en classe de façon concrète. »

« Je n'ai presque plus besoin du bulletin pour comprendre les résultats de mon enfant. Le portfolio me renseigne bien. »

« Je trouve le portfolio efficace. Je comprends bien la cote mise sur le bulletin de mon enfant avec le portfolio. Je sais où se trouvent ses forces et ses difficultés. »

« Je comprends les difficultés de mon enfant. Je sais comment l'aider. »

Conclusion

Nous n'avons nullement la prétention d'avoir tout dit au sujet du portfolio. Au contraire, le portfolio demeure un dossier en développement constant, qui mérite une attention particulière des enseignantes. Voici quelques pistes de réflexion que nous désirons soulever pour clore ce volume.

Quelle est la valeur ajoutée du portfolio dans les pratiques évaluatives ?

Nous désirons insister ici sur les deux objectifs essentiels du portfolio. Le premier but est d'amener l'élève à s'engager dans le processus d'apprentissage, à donner un sens à l'évaluation, à objectiver ses apprentissages. Le deuxième objectif est aussi important que le premier : pouvoir évaluer et gérer la complexité d'une compétence. Autrement dit, le portfolio contient les traces d'évaluation dans des situations complexes d'apprentissage, ce qui en fait un outil pertinent pour gérer la progression d'une compétence donnée. Lors des situations complexes relatives à l'évaluation d'une compétence visée, le portfolio permet de garder les traces variées et évolutives. Cela signifie que le portfolio permet de gérer la complexité des situations d'apprentissage et d'évaluation et de mettre en perspective les différentes traces dans le temps. En conséquence, on peut dégager des indices de progression d'une compétence tout au long de l'apprentissage. Soulignons que ce deuxième objectif reste à approfondir.

Où se situe la différence entre le portfolio et le bulletin scolaire ?

Cette question nous tient à cœur, quoique la réponse demeure ambiguë. Certains estiment qu'on devrait supprimer le bulletin parce que sa préparation vient doubler la tâche. Nous pensons que le portfolio et le bulletin sont deux outils différents mais complémentaires : le portfolio contient les traces justifiant le jugement global (le portrait de l'élève à un stade donné) que l'enseignante aura à consigner sur le bulletin. Alors que le portfolio permet d'affiner et de valider l'information au cours d'une période d'apprentissage donnée, le bulletin sert à consigner une information globale à la fin d'une période administrative. Le bulletin est donc un outil officiel permettant d'informer les parents au cours de périodes convenues et tenant compte des exigences du régime pédagogique. Pour sa part, le portfolio demeure un outil d'apprentissage et d'évaluation un outil ouvert, souple, adapté à la classe et à l'élève, qui accompagne le cheminement de l'élève et qui permet d'expliquer le contenu du bulletin.

Nous croyons que le portfolio constitue un outil incontournable de démythification de l'évaluation, tant pour l'élève que pour l'enseignante et les parents. Les élèves réalisent des apprentissages et peuvent témoigner grâce aux traces laissées dans le portfolio. Les enseignantes ne sont donc plus seules quand il s'agit d'évaluer, de justifier le jugement porté sur le bulletin. Les parents n'ont plus de surprise à la fin de l'étape, car ils suivent le cheminement de leur enfant.

Dans cet ouvrage, notre préoccupation était de faire le lien entre le portfolio et l'évaluation qui fait apprendre. Selon nous, l'évaluation est d'abord et avant tout un support à l'apprentissage de l'élève, et le portfolio est un outil plus qu'intéressant dans ce contexte. Toutefois, peut-on prétendre que le portfolio règle tous les problèmes liés à l'évaluation d'une compétence ? Cette question demeure au centre de notre réflexion.

Annexe 1

Matériel reproductible

(fiches correspondant aux exemples cités dans les chapitres précédents)

Projet sur : _____

Mon camarade de travail: _____

1. Je renseigne les élèves sur:

_____

2. Le défi à relever pendant la réalisation ou la communication:

3. Le calendrier de notre projet

lundi	mardi	mercredi	jeudi	vendredi
lundi	mardi	mercredi	jeudi	vendredi

Le plan de travail

1. Comment allons-nous présenter notre projet?

2. Voici le matériel nécessaire:

3. Je dessine mon plan.

4. Qu'allons-nous dire ? Indiquons l'ordre par des numéros.

Tout au long du projet...

Colorie une pastille chaque fois que tu utilises cette compétence.

1. **J'ai des idées.** ○ ○ ○ ○ ○ ○ ○ ○

2. **Je lis.** ○ ○ ○ ○ ○ ○ ○ ○

3. **J'écris.** ○ ○ ○ ○ ○ ○ ○ ○

4. **Je dessine.** ○ ○ ○ ○ ○ ○ ○ ○

5. **Je mesure.** ○ ○ ○ ○ ○ ○ ○ ○

6. **Je résous des problèmes avec des nombres.** ○ ○ ○ ○ ○ ○ ○ ○

7. **Je fais de la géométrie.** ○ ○ ○ ○ ○ ○ ○ ○

8. **Je fais une expérience.** ○ ○ ○ ○ ○ ○ ○ ○

9. **J'utilise l'ordinateur.** ○ ○ ○ ○ ○ ○ ○ ○

Autoévaluation (1er cycle)

1. Colorie les pastilles selon cette échelle d'appréciation.

> **Vert = Très bien**
>
> **Jaune = Assez bien**
>
> **Rouge = Défi à relever**

a) Je trouve de l'information à partir de différentes sources. ◯

e) Mes productions sont très intéressantes et bien présentées. ◯

b) Je comprends ce que je lis et je le dis dans mes propres mots. ◯

f) Mon écriture cursive est correcte. ◯

c) Je présente mes idées aux autres de façon intéressante et originale. ◯

g) Je sais comment appliquer mes stratégies en lecture. ◯

d) Mon travail est très bien fait. ◯

2. Je cherche des moyens pour réussir mon défi la prochaine fois.

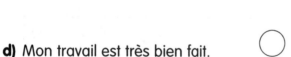

Source : Inspiré de Louise CAPRA et Lucie ARPIN, *L'apprentissage par projets*, Montréal, Chenelière/McGraw-Hill, 2001.

Autoévaluation (2ᵉ et 3ᵉ cycle)

1. Encercle la réponse qui te convient.

a) Je trouve de l'information :

- à partir de différentes sources.
- à partir d'une seule source.

b) Je comprends ce que je lis et je le dis dans mes propres mots.

- C'est facile.
- C'est assez facile.
- C'est difficile.
- C'est très difficile.

c) Je présente mes idées aux autres :

- de façon intéressante et originale.
- de façon intéressante mais pas originale

d) Mes productions sont :

- très intéressantes et bien présentées.
- intéressantes et assez bien présentées.
- ne sont pas assez intéressantes et bien présentées.
- ne sont pas intéressantes et bien présentées.

e) Mon travail est très bien fait.

- J'éprouve de la fierté.
- J'essaierai de montrer plus de créativité et de précision.
- Je ferai des efforts pour améliorer...
- Je demanderai de l'aide la prochaine fois.

f) Je sais comment appliquer mes stratégies en lecture.

- Mes lectures sont faciles.
- Je consulte des références pour mes lectures.
- Je demande l'aide d'une ou d'un camarade.

2. Je m'aperçois que je suis capable de ...

3. Mon défi est...

4. Un moyen pour y arriver est...

Source : Inspiré de Louise CAPRA et Lucie ARPIN, *L'apprentissage par projets*, Montréal, Chenelière/McGraw-Hill, 2001.

Évaluation des pairs en communication orale

Titre du projet:

1. Colorie les pastilles selon cette échelle d'appréciation:

Vert = Excellent	Jaune = Très bien	Rouge = À améliorer

a) Les élèves de l'équipe parlent assez fort. ◯

b) Les élèves de l'équipe respectent le sujet. ◯

c) Les élèves de l'équipe s'expriment dans leurs propres mots. ◯

d) Les élèves de l'équipe démontrent de l'originalité. ◯

2. Ajoute des commentaires s'il y a lieu:

_____

_____

_____

_____

_____

_____

Je fais un retour sur mes stratégies de lecture

1. Pour chaque énoncé, indique le nombre qui te convient selon l'échelle:

1 Très facilement   **2** Facilement   **3** C'est mon défi

a) Poser des questions
Je suis habile pour poser des questions adéquates sur un texte. ◯

b) Résumer un texte
Je peux dire en mes mots ce que j'ai compris lors de ma lecture. ◯

c) Clarifier un texte
Après le retour sur le texte en classe, je me demande si j'avais
bien compris le sens du texte. ◯

d) Faire des prédictions
Est-ce que j'ai pu prévoir ce qui est arrivé dans l'histoire? ◯

**2. Demande à une ou à un camarade des moyens
pour améliorer tes stratégies de lecture et note-les ici.**

_____

_____

_____

_____

_____

_____

3. Un mot de ton professeur...

   a) Tout va très bien! Que ça continue! ◯

   b) Oups! Un peu de travail à l'horizon! ◯

Échange à deux sur un travail
Projet personnel

1. La force de ce travail: _____

_____

2. Le défi suggéré: _____

_____

3. Les moyens pour relever ce défi: _____

_____

Signature des élèves: _____   _____

Vu et approuvé par l'enseignante: _____

Échange à deux sur un travail
Résolution de problèmes

La force

Le défi

Les moyens

Signature des élèves: _____   _____

Vu et apprécié par l'enseignante: _____

Me connais-tu ?

Je dessine mon portrait.

Tout sur moi

1. Mes yeux sont de cette couleur.

4. Je chausse des :

2. Mes cheveux sont de cette couleur.

5. Mon anniversaire est le :

6. Me voici quand j'étais bébé.

3. J'écris de la main :

a) droite

b) gauche

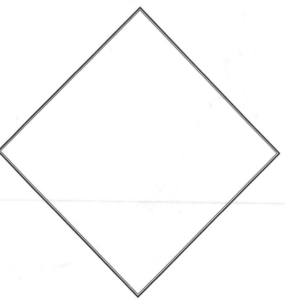

Ma famille

1. Dans ma famille, il y a ☐ personnes. J'écris leur nom dans ce cercle.

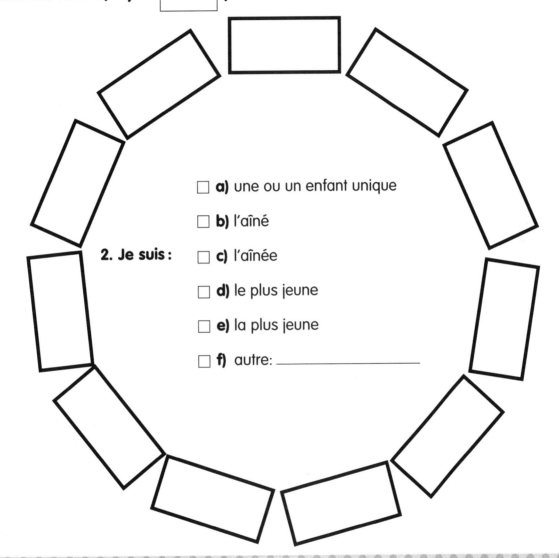

2. Je suis :

☐ **a)** une ou un enfant unique

☐ **b)** l'aîné

☐ **c)** l'aînée

☐ **d)** le plus jeune

☐ **e)** la plus jeune

☐ **f)** autre: _____

3. Voici les autographes des membres de ma famille :

63

Mes animaux familiers

**À la maison, il y a d'autres membres de la famille.
Je coche les animaux qui vivent chez moi.**

1. Ils ont de la fourrure.

- ☐ **a)** un chat
- ☐ **b)** un chien
- ☐ **c)** un hamster
- ☐ **d)** une souris
- ☐ **e)** un rat
- ☐ **f)** un lapin
- ☐ **g)** autre :

2. Ils ont des plumes.

- ☐ **a)** une perruche
- ☐ **b)** un perroquet
- ☐ **c)** un serin
- ☐ **d)** un pinson
- ☐ **e)** autre :

3. Ils ont des écailles.

- ☐ **a)** un poisson
- ☐ **b)** une salamandre
- ☐ **c)** un iguane
- ☐ **d)** une couleuvre
- ☐ **e)** autre :

Mes camarades

1. Je dessine deux camarades avec qui je me sens bien.

2. Je dessine la ou le camarade...

a) que je connais depuis le plus longtemps.

b) qui me fait le plus rire.

c) que je connais depuis le moins longtemps.

Voici son nom :   Voici son nom :   Voici son nom :

Ce qui m'amuse

1. Je dessine deux activités qui m'intéressent beaucoup.

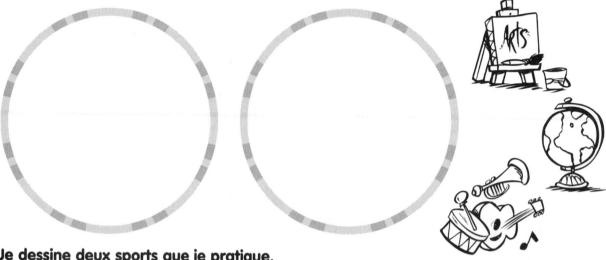

2. Je dessine deux sports que je pratique.

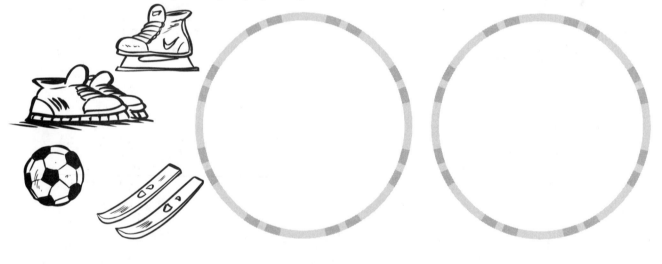

3. Je fais une collection ou j'aimerais faire une collection de [   ] **.**

Ce que je préfère

1. À la télévision, j'aime regarder…

2. Mon jouet préféré est :

3. Ma chanson préférée est :

4. Mon animal préféré est :

5. Mon mets préféré est :

Mon endroit préféré

1. Je dessine l'endroit où j'aime être tranquille pour jouer, penser, lire, etc.

2. Je nomme cet endroit :

Mon histoire préférée

Titre de l'histoire :

1. Illustre ta partie préférée de l'histoire.

2. Pourquoi préfères-tu cette histoire ?

À l'école

1. **La discipline que j'aime le plus est :**

_____

_____

_____

2. **La discipline que j'aime le moins est :**

_____

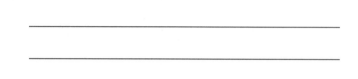

_____

_____

3. **Le jeu que je préfère à la récréation est :**

_____

_____

_____

Pour réussir à apprendre, je me fixe un défi et j'y tiens.

La persévérance est une qualité primordiale pour réussir.

1. Est-ce que je suis un enfant persévérant?

Si tu réponds oui, fais
un bonhomme sourire.

Si tu réponds non, fais
un bonhomme triste.

a) Quand je commence une activité, je la termine toujours.	◯	**e)** Quand je réalise une tâche, je ne me laisse pas distraire.	◯
b) Face à une difficulté, je cherche la solution tout de suite.	◯	**f)** Même si «apprendre à lire» ou «faire un autre type d'apprentissage» prend du temps, je démontre de la patience.	◯
c) Face à un obstacle, je ne me décourage pas.	◯	**g)** Je fais ce qu'on me demande par étapes.	◯
d) Quand des camarades ou des adultes me demandent un service, je dis oui tout de suite.	◯	**h)** J'ai confiance en mes capacités.	◯

2. Avec tes parents, réfléchis à des moyens qui t'aideront à développer la persévérance. Note ou dessine un de ces moyens.

Pour apprendre

 1. Il faut avoir un but.

2. Il faut savoir comment apprendre.

3. Il faut accepter ses erreurs.

Demander de l'aide

Vérifier ses réponses

4. Il faut trouver des façons de faire, des stratégies, des moyens pour réussir, pour changer.

1. **Quand tu fais une erreur, que fais-tu ? Colorie la réponse qui te convient le mieux.**

	non	oui		non	oui
a) Je la cache.	♡	♡	**e)** Je l'efface et j'écris la bonne réponse.	♡	♡
b) Je ressens du stress.	♡	♡	**f)** Je crains la réaction de mes camarades.	♡	♡
c) J'abandonne l'activité.	♡	♡	**g)** Je crains la réaction de mes parents.	♡	♡
d) Je ne me trouve pas bonne ou pas bon.	♡	♡	**h)** Je crains la réaction de mon enseignante.	♡	♡

2. **Quelles attitudes parmi les précédentes devrais-tu changer ? Encercle-les.**

3. **Avec tes parent, cherche des moyens pour arriver à changer.**
   Note-les ou dessine-les ici.

Remplissez cette feuille avec votre enfant afin de l'aider dans sa connaissance de lui-même, afin de mieux connaître sa réaction face aux erreurs, afin de découvrir avec elle ou avec lui des moyens pour améliorer cet aspect s'il y lieu.

Je découvre mon autonomie

1. Discute avec tes parents ou ton enseignante. Est-ce que tu accomplis les tâches suivantes?

Colorie les pastilles selon ce code:
Vert = Oui
Rouge = Non

À l'école   À la maison

	À l'école		À la maison	
a)	J'écris le travail de la maison dans mon cahier tous les jours.	◯	Je fais mon travail scolaire à la maison tous les jours.	◯
b)	Je remets mes travaux au bon endroit.	◯	Je range bien mes effets scolaires dans mon sac.	◯
c)	Je trouve une solution quand il me manque un outil de travail.	◯	Je trouve une solution quand il me manque un outil de travail.	◯
d)	Je participe aux responsabilités de la classe.	◯	Je participe aux responsabilités de la maison.	◯
e)	J'écoute du premier coup.	◯	J'écoute du premier coup.	◯
f)	Je pense à rendre service.	◯	Je pense à rendre service.	◯
g)	Je suis responsable lorsqu'une suppléante remplace mon enseignante.	◯	Je suis responsable lorsqu'une gardienne remplace mes parents.	◯
h)	Si j'ai besoin d'aide, je le demande.	◯	Si j'ai besoin d'aide, je le demande.	◯
i)	Avant de demander de l'aide, je m'assure que je ne suis vraiment pas capable.	◯	Avant de demander de l'aide, je m'assure que je ne suis vraiment pas capable.	◯

2. Surligne tes forces dans le tableau.

3. Tu grandis... Tu es plus autonome!

     Lance-toi un défi. Note-le ici.

Source: Inspiré de Danielle LAPORTE et Louise SÉVIGNY, *Comment développer l'estime de soi de nos enfants*, Montréal, Hôpital Sainte-Justine, 1993.

Je développe mon autonomie à la maison

1. **Discute avec tes parents.**
   Est-ce que tu accomplis les tâches suivantes?

   Coche les pastilles selon l'échelle
   d'appréciation ci-contre.

   Échelle d'appréciation:

   X = Je fais la tâche sans aide

   XX = Je fais la tâche avec de l'aide

   O = Je ne fais jamais la tâche

   a) Je me brosse les dents. ◯

   b) Je fais mon lit. ◯

   c) Je vais chercher
   le courrier. ◯

   d) Je participe aux
   tâches ménagères. ◯

   e) Je range mon
   coin de jeux. ◯

   f) Je range mes vêtements. ◯

   g) Je viens à l'école
   avec le sourire. ◯

   h) Je prends soin
   à l'occasion
   d'autres enfants. ◯

   i) J'offre mon aide parfois.  ◯

   j) Je prépare ma collation
   pour l'école.  ◯

2. **Déjà à ton âge, tu as des forces. Dessine-les.**

3. **Tu grandis… Tu es plus autonome!**
   Lance-toi un défi. Note-le ici.

Ce que j'aime en classe

Colorie chaque ballon selon cette échelle d'appréciation.

Vert = J'aime beaucoup!

Jaune = J'aime un peu!

Rouge = Je n'aime pas!

a) Faire de la lecture silencieuse en classe.

b) Faire de la lecture silencieuse à la bibliothèque.

c) Faire des mathématiques.

d) Participer au cours d'éducation physique.

e) Faire de l'écriture cursive.

f) Faire des arts plastiques

g) Faire des projets.

h) Écrire des textes variés.

i) Participer au cours de musique.

j) Faire des autoévaluations.

k) Participer au conseil de coopération.

l) Faire de la coévaluation.

m) Faire des évaluations.

Dans ma classe, je me sens...

1. **Observe bien le dessin...**
   Choisis le personnage qui ressemble le plus à ce que tu vis dans la classe, à tes attitudes, à tes façons d'aborder les difficultés. Colorie-le.

2. Pourquoi est-ce que tu lui ressembles?

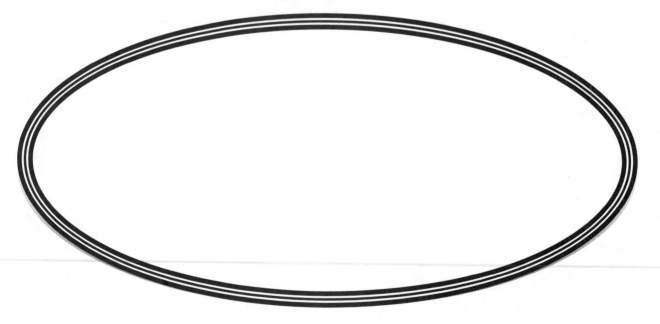

Signature de l'élève : _____

Moi et mes attitudes (1re partie)

Surligne les points que tu veux améliorer.

1. Au conseil

a) J'attends mon droit de parole pour m'exprimer.

b) Je m'intéresse à ce que disent mes camarades.

c) Certaines de mes actions sont appréciées.

d) Je propose des idées.

e) Certaines de mes actions sont critiquées.

3. Les ateliers

a) Je range après chaque activité.

b) Je suis calme.

c) Je surveille le ton de ma voix.

d) Je travaille sérieusement.

e) Je fais mes ateliers avec minutie.

f) Je pense à faire baisser le ton de la voix de mes camarades.

2. Un travail seul

a) Je fais des efforts pour réussir.

b) Mes travaux sont bien présentés.

c) Je prends le temps de comprendre la démarche avant de commencer un travail.

d) Je pense à consulter mes outils si j'ai de la difficulté.

e) Je demande de l'aide seulement quand j'ai épuisé mes moyens.

4. Un travail à deux

a) Je travaille sérieusement.

b) Je surveille le ton de ma voix.

c) Je fournis des efforts.

d) Si je comprends en premier, j'explique le problème à ma ou à mon camarade.

Moi et mes attitudes (2e partie)

Surligne les points que tu veux améliorer.

---

1. Les règles de vie et moi

1) Je suis calme dans les rangs.

2) Je range mon sac tous les jours.

3) Je fais toutes mes tâches.

4) Je m'organise en entrant dans la classe.

5) Je respecte le code de vie de l'école.

6) Je suis calme dans les corridors.

7) En musique, je respecte les consignes.

8) En éducation physique, je respecte les consignes.

9) Quand il le faut, j'arrête mon activité et j'écoute.

10) J'apporte tous mes outils pour le travail à la maison.

---

2. Mes attitudes avec mon entourage

1) Je règle bien mes conflits.

2) Je respecte les difficultés de mes camarades en les aidant.

3) Je suis polie ou poli avec les autres.

4) Je dis la vérité.

---

3. Pendant un exposé

1) J'attends mon tour pour parler.

2) Je lève la main pour demander la parole.

3) Je me concentre bien pour écouter.

4) Je cherche à bien comprendre ce que mon enseignante explique.

5) Je ne me gêne pas pour poser des questions si je ne comprends pas.

Commentaires :

_____

_____

_____

_____

_____

Je lis un texte

POUR ÊTRE HABILE EN LECTURE, IL FAUT:

- utiliser les bonnes stratégies.
- bien utiliser l'information.
- réagir au texte.
- témoigner oralement du contenu de la lecture.

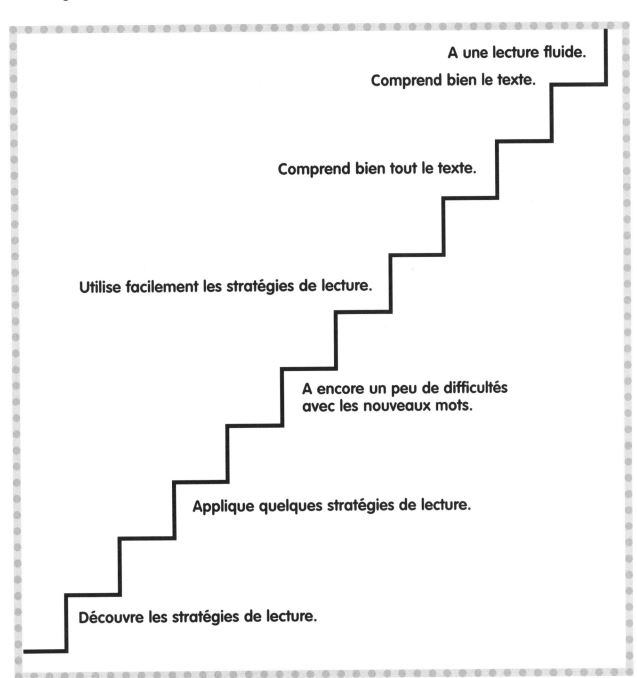

A une lecture fluide.

Comprend bien le texte.

Comprend bien tout le texte.

Utilise facilement les stratégies de lecture.

A encore un peu de difficultés avec les nouveaux mots.

Applique quelques stratégies de lecture.

Découvre les stratégies de lecture.

Mon carnet de lecture

Titre

Auteur

Invente un autre titre pour l'histoire.

✂ -

Nom :   Date :

Mon carnet de lecture

Titre

Auteur

Choisis un personnage. Écris deux caractéristiques du personnage.

Mon carnet de lecture

Titre

Auteur

Invente un autre titre pour l'histoire.

- ✂

Nom : | Date :

Mon carnet de lecture

Titre

Auteur

Illustre une phrase intéressante.

Mon carnet de lecture

Titre

Auteur

Dessine le personnage principal.

✂ ---

Nom : _____ Date : _____

Mon carnet de lecture

Titre

Auteur

Note un mot nouveau.

Nom :

Date :

Mon carnet de lecture

Titre

Auteur

Note les mots que tu as aimés.

- ✂ - - -

Nom :

Date :

Mon carnet de lecture

Titre

Auteur

As-tu aimé l'histoire ?   **Oui** ☐   **Non** ☐   **Pourquoi ?**

Mon carnet de lecture

Titre

Auteur

Y a-t-il des rimes ?   **Oui** ☐   **Non** ☐   **Si oui, écris deux de ces rimes ici.**

✂ -

Nom :

Date :

Mon carnet de lecture

Titre

Auteur

As-tu aimé l'histoire ? Prépare une question que tu poserais à une ou un camarade.

Mon carnet de lecture

Titre

Auteur

Je ne savais pas que...

- ✂ - - - - - -

Nom : _____ Date : _____

Mon carnet de lecture

Titre

Auteur

J'ai découvert que...

Mon carnet de lecture

Titre

Auteur

Si tu étais le personnage vedette de l'histoire, ferais-tu la même chose ?

Oui ☐   Non ☐   Dessine une action que tu ferais.

✂ -

Nom : _____ Date : _____

Mon carnet de lecture

Titre

Auteur

Quelle partie du documentaire as-tu lue ?

Mon carnet de lecture

Titre

Auteur

Illustre le début de l'histoire.

--- ✂ -

Nom :   Date :

Mon carnet de lecture

Titre

Auteur

Illustre la fin de l'histoire.

Mon carnet de lecture

Titre

Auteur

Note un événement qui t'étonne.

- ✂

Nom :   Date :

Mon carnet de lecture

Titre

Auteur

Note le problème de l'histoire.

Mon carnet de lecture

Titre

Auteur

J'adore ce livre parce que…

- ✂ - - - -

Nom :   Date :

Mon carnet de lecture

Titre

Auteur

Je trouve les illustrations du livre très attirantes. Oui ☐ Non ☐ Parce que…

Mon carnet de lecture

Titre

Auteur

Quel personnage aurais-tu aimé être dans cette histoire ? Pourquoi ?

Nom :   Date :

Mon carnet de lecture

Titre

Auteur

Ma lecture a été facile. ◯

Ma lecture a été dificile. ◯

Résolution de problème

1. Comment as-tu fait pour comprendre le problème?

_____

_____

_____

2. Explique ce que tu as dessiné.

_____

_____

_____

3. Est-ce que ton équation a du sens?

_____

4. Est-ce que ta réponse a du sens?

_____

5. Encercle les stratégies utilisées pendant la résolution de problème.

   a) faire un dessin   **e)** faire une manipulation   **i)** simplifier le problème

   b) faire un tableau   **f)** faire une liste   **j)** construire un modèle

   c) faire un calcul   **g)** faire une recherche d'analogie   **k)** vérifier toutes les possibilités

   d) faire un essai   **h)** consulter un travail antérieur   **l)** utiliser des problèmes déjà résolus

6. Note les défis fixés avec ton enseignante et les moyens que tu pourrais prendre pour les relever.

Situation d'écriture
Mon plan de travail

Titre:

Dessine les éléments de ton histoire.

a) personnages et endroit

b) début de l'histoire

c) problème

d) solution

e) fin de l'histoire

Nom : Date :

Situation d'écriture
Mon brouillon

Titre: _____

1. Voici le résumé de mon histoire.

2. Je révise mon texte.

☐ Je vérifie les majuscules. (Au début d'une phrase, aux noms propres.)

☐ Je vérifie l'orthographe.

☐ Je vérifie si mes phrases sont complètes.

☐ Je vérifie si j'ai bien accordé mes mots au pluriel.

☐ Je vérifie si j'ai bien formé mes lettres.

Situation d'écriture
Mon texte final

Titre: _____

1. Voici mon texte.

_____
_____
_____
_____
_____
_____
_____
_____
_____
_____
_____
_____
_____
_____
_____
_____
_____
_____
_____
_____
_____

2. Je le lis à une ou à un camarade de classe.

Je fais l'autoévaluation de mon projet d'écriture.

Colorie les pastilles de la couleur qui te convient le mieux selon cette échelle.

Vert = Oui   Jaune = Non

a) J'ai fait un plan. ◯

b) J'ai rédigé un brouillon. ◯

c) J'ai relu mon texte. ◯

d) J'ai corrigé mon texte. ◯

e) J'ai récrit mon texte. ◯

Appréciation de l'enseignante:

Portrait de mes apprentissages en écriture

1. Ce que j'ai amélioré en écriture:

2. Les moyens que j'ai pris:

3. Mon prochain défi:

4. Les moyens que je me donne:

Vu et apprécié par l'enseignante: _____

Signature des parents: _____

Regard sur mon cheminement

Noter les preuves que l'élève apporte pour démontrer sa progression et établir un nouveau défi.

a) Lire des textes variés

Date : _____

Niveau

expert

avancé

intermédiaire

débutant

Défi : _____

_____

_____

b) Lire des textes variés

Date : _____

Niveau

expert

avancé

intermédiaire

débutant

Défi : _____

_____

_____

c) Lire des textes variés

Date : _____

Niveau

expert

avancé

intermédiaire

débutant

Défi : _____

_____

_____

Regard sur mon cheminement

Remplis les flèches avec l'aide de ton enseignante.

1. Lire des textes variés

	débutant	intermédiaire	avancé	expert
Niveau				

Voici les traces qui démontrent ma progression.

_____

_____

_____

_____

2. Écrire des textes variés

	débutant	intermédiaire	avancé	expert
Niveau				

Voici les traces qui démontrent ma progression.

_____

_____

_____

_____

3. Communiquer oralement

	débutant	intermédiaire	avancé	expert
Niveau				

Voici les traces qui démontrent ma progression.

_____

_____

_____

_____

Regard sur mon cheminement

1. date   date   date   date

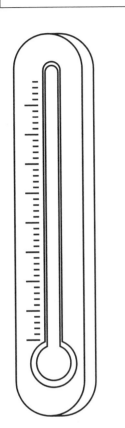
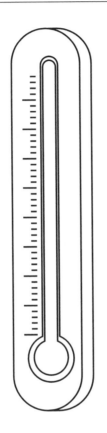
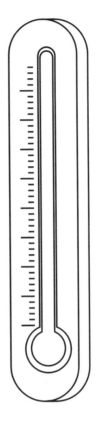
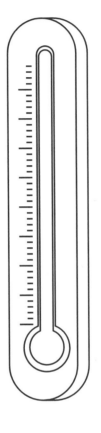

2. Mes forces sont:

3. Mon défi est :

4. Voici des moyens pour y arriver:

Mon défi pour la prochaine étape

Commentaires de l'enseignante : _____
_____
_____
_____

Coup de pouce des parents : _____
_____

Rencontre avec l'élève

1. Quelles sont tes réussites ?

2. Quelles sont les traces qui justifient tes réussites ?

3. De quoi es-tu fière ou fier ?

4. Quels sont tes prochains défis ?

5. Comment penses-tu les relever ?

6. Quelle aide attends-tu de moi ou de tes parents ?

Rencontre portfolio–bulletin

1. Comment te sens-tu...

a) avec tes camarades de classe ? ◯

b) avec ton enseignante ? ◯

c) dans la vie de classe ? ◯

2. Comment te comportes-tu...

a) avec ton enseignante ? ◯

b) avec tes camarades ? ◯

c) en équipe ? ◯

3. Pour chaque compétence...

a) En français, mes réussites sont : _____

Mon défi est : _____

Mes moyens pour relever mon défi sont : _____

_____

b) En mathématiques, mes réussites sont : _____

Mon défi est : _____

Mes moyens pour relever mon défi sont : _____

_____

4. Maman et papa, avez-vous des moyens à me suggérer pour aller de l'avant?

_____

_____

_____

_____

_____

FICHE 32B Nom : Date :

Guide d'entretien enfant-parents à la maison

1. Mes réussites sont:

____

____

2. Voici des preuves:

____

____

3. J'éprouve de la fierté parce que:

____

____

4. Mon défi à relever est:

____

____

5. Les moyens pour relever mon défi sont:

____

____

Commentaires des parents (s'il y a lieu)

____

____

____

____

____

Signature des parents: ______________________________

Vu et apprécié par l'enseignante : ______________________________

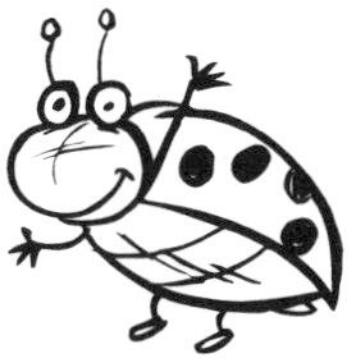

Aide-mémoire pour la rencontre de parents fait par l'élève à la maison

1. Présenter l'autoévaluation du comportement

a) Trouver mes forces.

b) Penser à un défi.

c) Dégager des moyens pour relever mon défi.

2. Présenter mon cheminement en français (lecture-écriture et communication orale)

a) Parler de mes forces, de mon défi.

b) Trouver de nouveaux moyens avec mes parents pour relever ce défi.

3. Présenter mon cheminement en mathématiques

a) Parler de mes forces, de mon défi.

b) Trouver de nouveaux moyens avec mes parents pour relever ce défi.

4. Pour mon jardin secret

Je demande à mes parents de m'écrire un mot d'encouragement.

Réflexions « élève-enseignante-parents »

1. Chacun lit les phrases et répond en utilisant les couleurs suivantes:

Vert = Oui	Jaune = De plus en plus	Rouge = Un défi à relever

Compétence:

Résoudre une situation-problème

Résoudre une situation-problème	Selon moi	Selon mon enseignante	Selon mes parents
Je cherche toujours à comprendre la tâche à résoudre.	◯	◯	◯
Je prends le temps de bien dessiner la situation-problème.	◯	◯	◯
J'écris l'équation qui correspond bien à la situation-problème.	◯	◯	◯
Je fais les calculs de mon équation correctement.	◯	◯	◯

2. Moyens pour atteindre les défis:

_____

_____

_____

_____

_____

Commentaires de l'enseignante et des parents s'il y a lieu:

_____

_____

_____

Coucou, c'est moi!

L'an prochain, j'aimerais...

106

Ce que je fais en mathématiques

Colorie les soleils selon ce code de couleurs.
Rouge = Pas encore   Jaune = De plus en plus
Vert = Très bien

Je résous des problèmes sur l'espace.

Je résous des situations - problèmes sur les nombres.

Je communique ma démarche et mes résultats.

- Plier

Comment je suis…

Dessine 😊 ou 😐 ou 😟.

a) avec un adulte inconnu

b) avec mon enseignante

c) à la récréation

d) avec une ou un camarade

e) face à une difficulté

f) avec une nouvelle ou un nouvel ami

g) pendant un travail d'équipe

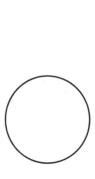

FICHE 34 (SUITE) **107**

Compétences transversales

Ce que je suis capable de faire...

Ce que je fais en français

Colorie les soleils selon ce code de couleurs.
Rouge = Pas encore   Jaune = De plus en plus
Vert = Très bien

Je lis des textes variés.

J'écris des textes variés.

Je communique oralement.

Plier

Des stratégies gagnantes

Quand je lis une phrase...

1. (J'encercle) les mots que je connais.

2. Je <u>souligne</u> les mots que je ne connais pas.

3. Je relis ma phrase. Je fais une image dans ma tête.

Quand je cherche un mot...

1. Je cherche un mot caché dans le mot.

2. Je découpe le mot.

3. Je ferme les yeux. Je répète le mot dans ma tête.
Je fais une image dans ma tête.

4. Je regarde l'image. J'utilise l'image pour m'aider.

5. Je regarde autour de moi...

6. Je demande de l'aide.

Quand je lis un texte...

1. Je reconnais des mots déjà vus.

2. J'explique ce que je comprends au fur et à mesure.

3. Je regarde les illustrations.

4. À partir de ce que je sais, j'imagine la suite.

5. Je sais pourquoi je lis le texte (le but).

Démarche en résolution de problème

1. Je comprends

- Je lis plusieurs fois la situation.
- Je dessine la situation.
- Je trouve le but.

2. Je planifie

- Je m'assure que mon dessin est complet.

3. J'exécute

- Je répète dans ma tête ce qu'on cherche.
- Je précise ce que je dois faire.
- J'écris les calculs.
- J'écris la réponse.

4. Je vérifie

- Est-ce que je retourne souvent au problème?
- Est-ce que j'ai respecté ce qu'on voulait savoir?
- Est-ce que l'équation représente bien le problème?
- Est-ce que mes calculs sont exacts?

5. Je communique

- J'explique mes résultats.
- Je questionne les autres pour mieux comprendre.
- Je compare ma solution.
- Je parle de mes stratégies:
  - dessiner
  - faire des tableaux
  - faire des calculs
  - essayer différentes méthodes
  - prendre du matériel et le manipuler
  - penser à d'autres problèmes déjà résolus

Traces

Annexe 2

Matériel reproductible complémentaire

Échange de stratégies et d'idées pour écrire des textes variés

Découper les questions et les déposer dans une boîte.
Deux par deux, les élèves pigent une question et en discutent.

Aimes-tu illustrer une histoire ?

Est-ce facile pour toi d'avoir des idées ?

Comment fais-tu pour avoir des idées ?

Comment fais-tu pour écrire les mots difficiles ?

Raconte-moi ton histoire à partir des dessins que tu as faits.

Lis-moi ton histoire.

Les intelligences multiples

1. Voici le portrait de sept personnages représentant les différents types d'intelligence. À qui ressembles-tu le plus ? À qui ressembles-tu le moins ?

Linguistique : Louise, qui aime jouer avec les mots

Louise est une élève qui adore parler. Lire et écrire, c'est important pour elle. Très souvent, dans les cours de langues, le français et l'anglais, elle se plaît à raconter des histoires drôles et à répéter des phrases difficiles à prononcer ou des mots tordus. De plus, elle aime réciter des jeux de mots et jouer au *Scrabble*. Mémoriser des poèmes et raconter des longues histoires à rebondissements sont des loisirs agréables. Elle entend des mots dans sa tête avant de lire, écrire ou dire ce qu'elle pense. Elle préfère la géographie et l'histoire plutôt que les mathématiques et les sciences. Elle est souvent fière de ce qu'elle fait.

Logico-mathématique : Charles, le détective

Charles aime résoudre des problèmes compliqués en arithmétique et faire des problèmes de géométrie. Les mathématiques et les sciences sont ses sujets favoris à l'école. Il pose souvent des questions difficiles sur comment fonctionnent les choses. Il peut facilement compter dans sa tête. Il est très habile avec un ordinateur. En sciences, il comprend et complète les expériences facilement.

Spatiale : Maryse, l'imaginative

Maryse est une bonne joueuse d'échecs et de dames. Elle est souvent rêveuse en classe. Elle est particulièrement heureuse lorsqu'elle construit ou invente des gadgets avec des «Lego», «Meccano» ou «Gearopolis». De plus, elle semble apprendre mieux lorsqu'on lui permet de dessiner ou de griffonner en faisant ses devoirs. Elle semble aussi préférer que des images accompagnent ce qu'elle lit. Maryse trouve plus facile de comprendre une information dans une matière lorsque l'enseignante écrit au tableau des notes sur la matière enseignée.

Kinesthésique : Paul en mouvement

Paul joue dans l'équipe de hockey de l'école et dans l'équipe de football de son quartier. Il pratique le tennis, le ski et la natation. Il s'intéresse aussi à la danse. Il aime inventer des gadgets, monter et démonter des petits moteurs. Il est toujours volontaire lorsqu'une activité physique est proposée.

Musicale : Aline, au diapason de la musique

On l'appelle celle qui aime la musique, qui en parle, qui en mange. Elle chantonne et fredonne à tout hasard et à longueur de journée. Elle apprend mieux en écoutant de la musique en même temps qu'elle fait ses devoirs. Elle est très consciente des sons qu'elle entend, que ce soit le son d'un clocher distant ou le cricri des cigales. En même temps, elle discerne ce qui échappe à l'attention de ses camarades de classe. Elle apprécie la poésie, les chansons et il lui arrive d'improviser à partir de mélodies connues.

Interpersonnelle : Claude, l'ami

Élu par les autres élèves de sa classe comme membre du comité de classe, il s'intéresse aux projets, aux sorties et aux initiatives de sa classe. Claude est un débrouillard, si un problème ou un conflit quelconque surgit, il propose des solutions. Lorsque des élèves de sa classe ont des moments difficiles, Claude est là pour les soutenir, les écouter ou les consoler. Claude est une personne populaire dans son entourage. Il va souvent chez ses camarades.

Intrapersonnelle : Malou, l'unique

Malou préfère travailler seule. Toutefois, elle n'hésite pas à demander de l'aide au besoin. Elle est une élève tranquille, fréquente peu d'enfants et semble savoir ce qu'elle veut et ce qu'elle aime. Elle s'habille, agit et se comporte à sa façon, elle n'imite pas les autres. Elle se trouve un coin préféré ou un endroit privé pour faire ce qu'elle aime.

2. Écris le nom des personnages en commençant par celui qui te ressemble le plus.

Me ressemble le plus _____ **Me ressemble le moins**

Note :
Les descriptions de personnages sont adaptées de :
http://www.acelf.ca/revue/XXV2/article/r252-02.html
Raymond LEBLANC, Faculté d'éducation, Université d'Ottawa.

Les intelligences multiples

Quel type d'intelligence te caractérise le mieux ? Colorie-le en vert.

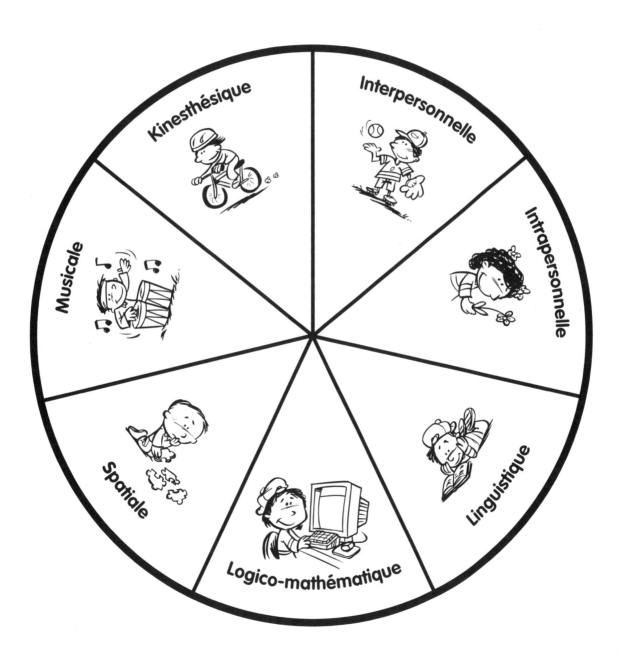

Découvre ton type d'intelligence*

1. Coche les affirmations qui te conviennent dans chaque catégorie.

a) Intelligence linguistique

☐ J'aime parler devant les autres.

☐ J'aime regarder ou lire des livres.

☐ J'aime jouer aux mots cachés, au *Scrabble*, à *J'apprends à lire*, aux tampons-encreurs.

☐ J'ai beaucoup de mémoire.

☐ J'aime faire du théâtre, mimer, inventer des personnages.

☐ J'aime me faire lire des histoires.

☐ Je préfère les activités de lecture et d'écriture aux mathématiques et aux sciences.

☐ Quand je me promène en auto, je remarque les panneaux routiers.

☐ J'ai déjà écrit une histoire dont j'étais très fière ou fier.

☐ Je réussis bien en orthographe.

b) Intelligence logico-mathématique

☐ Je suis capable de calculer vite dans ma tête.

☐ J'aime faire des activités de mathématiques et de sciences.

☐ J'aime jouer à des jeux de logique (échecs, dames, *Mastermind*, énigmes).

☐ J'aime faire des expériences et trouver des solutions.

☐ J'aime connaître l'horaire de la journée.

☐ Mon pupitre et ma chambre sont toujours en ordre.

☐ J'aime entendre parler de découvertes scientifiques (corps humain, animaux).

☐ Je me sens bien quand les consignes sont claires et données dans un ordre précis.

☐ Je pose beaucoup de questions, j'aime savoir comment les choses fonctionnent.

☐ J'aime faire des activités à l'ordinateur.

* Conçu par Louise DORE, Nathalie MICHAUD et Syndie HÉBERT et inspiré de Thomas ARMSTRONG, *Les intelligences multiples dans votre classe*, Montréal, Chenelière/McGraw-Hill, 1999.

c) Intelligence spatiale

☐ Je vois souvent des images claires quand je ferme les yeux.

☐ J'aime beaucoup mettre de la couleur dans mes dessins.

☐ J'aime faire des casse-tête, des labyrinthes, des jeux de mémoire et d'observation.

☐ Je retrouve facilement mon chemin (pour aller au parc, au magasin, chez quelqu'un).

☐ J'aime dessiner ou griffonner.

☐ Je préfère jouer avec les solides et la mesure plutôt que de faire des additions et des soustractions.

☐ Je suis souvent dans la lune.

☐ Je fais de très beaux dessins.

☐ J'aime regarder des films.

☐ J'aime construire (*Lego*, maison de poupée…).

d) Intelligence kinesthésique

☐ Je fais une activité physique chaque semaine (karaté, balle-molle, danse, soccer, natation…).

☐ Je trouve difficile de rester longtemps assise ou assis.

☐ J'aime bricoler.

☐ J'aime beaucoup jouer dehors.

☐ Quand je parle, je fais beaucoup de gestes.

☐ Je comprends plus facilement les règles d'un jeu en le pratiquant qu'en regardant les autres jouer.

☐ Je réussis très bien dans un sport.

☐ J'aime imiter les gestes des autres.

☐ J'aime courir, sauter, faire des culbutes.

☐ J'aime explorer différentes textures avec mes mains.

e) Intelligence musicale

☐ Je chante bien et juste.

☐ J'écoute souvent de la musique.

☐ Je joue ou j'aimerais jouer d'un instrument de musique.

☐ Je fredonne souvent.

☐ Je garde le rythme (en tapant des mains).

☐ Je connais plusieurs chansons.

☐ Je tambourine souvent sur mon pupitre.

☐ Je remarque vite les bruits qui m'entourent (la pluie, par exemple).

☐ La musique m'aide à me concentrer pendant un travail.

☐ Je remarque les erreurs de rythme des autres.

f) Intelligence interpersonnelle

☐ J'ai beaucoup de camarades.

☐ J'aime pratiquer un sport d'équipe.

☐ Quand j'ai un problème, je demande de l'aide au lieu d'essayer par moi-même.

☐ J'aime mieux jouer à plusieurs que de faire une activité individuellement.

☐ Je me sens bien dans la foule.

☐ Je préfère m'entourer de gens à la maison que rester seule ou seul.

☐ J'amène beaucoup d'idées dans la classe.

☐ J'aime aider les autres quand ils ont de la difficulté.

☐ J'aime faire partie d'un groupe (scouts, patinage…).

☐ Je tiens compte des besoins des autres.

g) Intelligence intrapersonnelle

☐ J'accepte les erreurs que je fais sans me décourager.

☐ J'ai des secrets dans ma tête.

☐ J'ai des objets secrets (toutou, cadeaux spéciaux).

☐ Je pense souvent à mes défis.

☐ Je connais mes forces et mes faiblesses autant que mon enseignante ou mes parents.

☐ J'aime mieux faire une activité individuelle que de jouer à plusieurs.

☐ J'aime mieux travailler seule ou seul que deux par deux.

☐ Je respecte toujours les règles de vie.

☐ Je suis capable d'expliquer pourquoi je ne vais pas bien.

☐ Je sais où sont mes difficultés et j'essaie de m'améliorer.

2. Remplis le tableau. Colorie le nombre de cases que tu as cochées pour chaque type d'intelligence.

Intelligence											
Linguistique											
Logico-mathématique											
Kinesthésique											
Spatiale											
Musicale											
Interpersonnelle											
Intrapersonnelle											

Guide pour une rencontre sur le portfolio à la maison

À remettre aux parents lors d'une rencontre avec l'enseignante.

- **Réserver du temps pour discuter avec l'enfant au sujet de son portfolio.**
  Questions possibles :
  - De quoi voudrais-tu me parler et pourquoi ?
  - Comment te sens-tu avec ton enseignante ? Avec tes autres camarades de classe ? Pourquoi ?
  - Comment te comportes-tu ces temps-ci et pourquoi ?
  - De quoi es-tu le plus fière ou fier ? Pourquoi ?
  - Où as-tu eu des difficultés ? Pourquoi, selon toi ?
  - Parle-moi de ce qui a été le plus facile pour toi.
  - Penses-tu que tu t'es améliorée ou amélioré ? Dans quoi ?
  - Pourquoi as-tu réussi ce travail ? Pourquoi n'as-tu pas réussi ?
  - Comment améliorer ce travail la prochaine fois ?
  - Comment peux-tu te servir de ce que tu as appris ? Donne-moi des exemples.
  - Quelles stratégies as-tu utilisées ? (Une stratégie est un moyen pour arriver à un but. Exemple : J'ai besoin d'un petit banc pour pouvoir me brosser les dents. J'ai une stratégie pour pouvoir le faire moi-même.)
  - Qu'est-ce que tu as appris aujourd'hui, cette semaine ?
  - Qu'est-ce que tu as fait aujourd'hui avec le sourire ?

- **Faire des liens avec la vie courante.**

- **Faire faire des évaluations à l'enfant dans la vie courante. L'inviter à réagir à quelque chose.**

- **Comparer ce que l'enfant verse au portfolio avec ses productions précédentes.**

- **Décrire à quoi on pense quand on fait quelque chose.**

- **Instaurer un petit journal de bord avec l'enfant.**

- **Commenter les travaux contenus dans le portfolio.**
  - Complimenter l'enfant oralement, mais également commenter les travaux par écrit aussi souvent que possible.

- **Écouter les explications de l'enfant. Lui faire confiance.**

- **Aider l'enfant à trouver des défis et des moyens pour y arriver.**

- **Ne pas célébrer seulement les réussites de l'enfant, mais le féliciter pour tous ses « progrès » aussi.**

Suggestions aux parents pour célébrer les réussites et les progrès de leur enfant

- Aller à la bibliothèque.
- Prendre une photo de l'enfant.
- Encadrer une photo que l'enfant aime.
- Préparer un souper-surprise.
- Jouer à un jeu de société choisi par l'enfant.
- Pratiquer un sport que l'enfant apprécie.
- Laisser l'enfant choisir le menu d'un repas.
- Faire une soirée cinéma avec maïs soufflé.
- Inviter une ou un camarade à la maison.
- Laisser l'enfant coucher chez une ou un camarade.
- Laisser l'enfant écouter sa musique au volume désiré.
- Écouter la musique de son enfant.
- Passer 10 minutes privilégiées avec son enfant avant le coucher.
- Coucher avec l'enfant sous la tente.
- Préparer un bouquet de fleurs du jardin.
- Faire une recette avec l'enfant.
- Faire une promenade à bicyclette ou à pied.
- Passer la main dans les cheveux de son enfant.
- Demander de l'aide de l'enfant.
- Border l'enfant avec humour.
- Laisser des petits mots sous l'oreiller, dans la boîte à lunch, sur le frigo.
- Écouter une émission de télévision avec l'enfant.
- Louer ou acheter un jeu pour l'ordinateur et jouer avec l'enfant.
- Surprendre l'enfant avec une sortie spéciale.
- Donner une nouvelle responsabilité à l'enfant.
- Préparer un bain moussant.
- Prévoir un jeu extérieur (faire un bonhomme de neige, jouer dans les feuilles en automne).
- Aider l'enfant à ranger sa chambre.
- Lui donner congé de corvées.
- Écrire une chanson spécialement pour le féliciter et la chanter pour l'endormir.

Bienvenue à la clinique « Les apprentis » !

Échelle :

Vert = Très bien　　　　　**Jaune = De plus en plus**　　　　　**Rouge = Pas encore**

Français	Mathématiques

Français

Date

But :

Est-ce que je comprends mieux ? ◯

Date

But :

Est-ce que je comprends mieux ? ◯

Date

But :

Est-ce que je comprends mieux ? ◯

Date

But :

Est-ce que je comprends mieux ? ◯

Mathématiques

Date

But :

Est-ce que je comprends mieux ? ◯

Date

But :

Est-ce que je comprends mieux ? ◯

Date

But :

Est-ce que je comprends mieux ? ◯

Date

But :

Est-ce que je comprends mieux ? ◯

Mes sentiments à l'école

Coche la colonne appropriée pour chaque énoncé.

1. Je me lève le matin.			
2. Je pars pour l'école.			
3. J'arrive à l'école.			
4. Je fais des mathématiques.			
5. Je fais de la lecture.			
6. J'écris une histoire.			
7. Je fais de l'éducation physique.			
8. Je parle avec mon enseignante.			
9. Je travaille avec une ou un camarade.			
10. Je fais une erreur.			
11. Je réussis un travail.			
12. Je fournis de gros efforts.			
13. J'apprends une notion nouvelle.			
14. Je vais à la récréation.			
15. J'aide une ou un camarade.			
16. Je suis à l'ordinateur.			

Si tu as plus de **, bravo !**

Sinon, pense à ce qui pourrait t'aider à aimer tes journées à l'école.

Grille d'autoévaluation après une expérimentation

1. Quelle est ma question ?

_____
_____
_____
_____
_____

2. Ce que je trouve difficile :

3. Ce que j'ai aimé :

4. Ce que j'ai appris :

Autoévaluation de ma démarche en résolution de problème

Colorie les pastilles de la couleur qui te convient le mieux.

1. Je comprends

- Je lis plusieurs fois la situation. ○
- Je dessine la situation. ○
- Je trouve le but. ○

Échelle :

Toujours : Vert

Souvent : Jaune

Parfois : Orange

Jamais : Rouge

2. Je planifie

- Je m'assure que mon dessin est complet. ○

3. J'exécute

- Je me répète ce qu'on cherche. ○
- Je précise ce que je dois faire. ○
- J'écris les calculs. ○
- J'écris la réponse. ○

4. Je vérifie

- Je retourne souvent au problème. ○
- Je respecte ce qu'on voulait savoir. ○
- Mon équation représente bien le problème. ○
- Mes calculs sont exacts. ○

5. Je communique

- J'explique mes résultats. ○
- Je questionne les autres pour mieux comprendre. ○
- Je compare ma solution. ○

- Je parle de mes stratégies :
  - dessiner ○
  - faire des tableaux ○
  - faire des calculs ○
  - essayer différentes méthodes ○
  - prendre du matériel et le manipuler ○
  - penser à d'autres problèmes déjà résolus ○

Je réfléchis sur mes attitudes en lecture

1. Est-ce que j'aime la lecture? _____

Pourquoi? _____

_____

2. Est-ce que j'aime apprendre à lire? _____

Pourquoi? _____

_____

3. Je lis...   **quand?** _____

           avec qui? _____

           où? _____

4. Je surligne les moyens que j'utilise pour lire.

- Avant de lire le texte :
  - Je lis le titre.
  - Je regarde les illustrations.
  - Je me demande ce que je vais apprendre.
  - Je pense à la tâche que j'ai à accomplir.

- Pendant la lecture :
  - Je cherche à comprendre ce que je lis.
  - Si je ne reconnais pas un mot :
    - ✳ Je devine par le sens de la phrase.
    - ✳ Je vérifie par les syllabes.
    - ✳ Je relis ma phrase plusieurs fois.

- Après la lecture :
  - Je redis ce que j'ai lu dans mes mots.

Évaluation de la communication orale

Partie 1

J'évalue la communication orale de :

_____ Date : _____

| Échelle d'appréciation | 1. Toujours | 2. Assez souvent | 3. Rarement |

1. **J'encercle le chiffre approprié selon cette échelle.**

   a) Présente ses propos avec clarté, rigueur et efficacité.   **1   2   3**

   b) Tient compte du public.   **1   2   3**

   c) Emploie un vocabulaire correct.   **1   2   3**

   d) Ajuste son débit et son intonation.   **1   2   3**

   e) Ajuste le volume de sa voix.   **1   2   3**

2. Commentaires : _____

   _____

   _____

   Signature et commentaires de l'enseignante :

   _____

   _____

   Signature :   _____

   _____

Partie 2

1. **Que penses-tu de l'évaluation faite par l'élève ?** _____

   _____

2. **Es-tu satisfaite ou satisfait de ta présentation orale ?** _____

   Explique ta réponse : _____

   _____

3. **Que vas-tu améliorer la prochaine fois ?** _____

4. **Quels sont tes moyens pour y arriver ?** _____

   _____

   Signature : _____

Mes forces et mes défis en lecture

Je colorie les pastilles selon l'échelle d'appréciation ci-contre.

Je suis capable de :

> **Bleu : Toujours**
>
> **Vert : Souvent**
>
> **Jaune : Parfois**
>
> **Rouge : Jamais**

a) Chercher à comprendre ce que je lis :

– au début de ma lecture. ◯

– au cours de ma lecture. ◯

b) Reconnaître ce qu'est une phrase. ◯

c) Repérer les mots déguisés. ◯

d) Reconnaître les mots utilisés fréquemment. ◯

e) Lire un mot nouveau :

– par le sens du texte (en devinant). ◯

– par les lettres. ◯

– par les syllabes. ◯

– en regroupant les parties du mot. ◯

f) Vérifier si le mot découvert a du sens dans la phrase ou le texte. ◯

g) Réagir au texte. ◯

h) Lire un peu plus vite (sans hésiter). ◯

Commentaires (s'il y a lieu) : _____

_____

_____

_____

FICHE **51**

Nom : _____ Date : _____

À remplir et à agrafer à la situation de lecture.

Je me prépare à lire

1. Je dessine ce que je sais :

2. Je dessine ce que je veux savoir :

J'ai terminé ma lecture

3. Je dessine ce que j'ai appris :

4. J'ai eu besoin d'aide. ◯

Je n'ai pas eu besoin d'aide. ◯

Nom : _____ Date : _____

À remplir et à agrafer à la situation de lecture.

Je me prépare à lire

1. J'écris ce que je sais :

_____

2. J'écris ce que je veux savoir :

_____

J'ai terminé ma lecture

3. J'écris ce que j'ai appris :

_____

4. J'ai travaillé individuellement. ◯

J'ai travaillé en équipe. ◯

Appréciation de lecture

**Découpe les cases. Choisis-en une qui convient pour décrire ta lecture.
Colle-la ensuite sur ton travail.**

Ce texte était intéressant. ◯

J'ai détesté lire ce texte. ◯

Lire ce texte était amusant. ◯

J'ai aimé lire ce texte. ◯

Ce texte était ennuyeux. ◯

Lire ce texte m'a fait rêver. ◯

Ce texte m'a appris
des choses nouvelles. ◯

Je n'ai rien appris
en lisant ce texte. ◯

Lire ce texte m'a permis de voir
que je m'améliore en lecture. ◯

Lire ce texte était un moment
de détente pour moi. ◯

Lire ce texte m'a permis de constater
que je peux lire sans aide. ◯

Lire ce texte m'a apporté
de nouvelles idées. ◯

Lire ce texte m'a donné des idées
pour écrire une histoire. ◯

Entrevue au sujet de la lecture

1. Tu rencontres un mot difficile en lisant. Que fais-tu ?

_____

_____

_____

2. Nomme-moi une personne de ton entourage qui te semble très bonne en lecture. Pourquoi ?

_____

_____

_____

3. Penses-tu qu'une personne qui est bonne en lecture éprouve des difficultés en lisant ? Si oui, que fait-elle ?

_____

_____

_____

4. Que ferais-tu pour aider une ou un de tes camarades en lecture ?

_____

_____

_____

5. Qu'aimerais-tu améliorer en lecture ?

_____

_____

_____

6. Penses-tu que tu lis bien ?

_____

_____

_____

Source: Inspiré de Lise SAINT-LAURENT et coll., _Programme d'intervention auprès des élèves à risque_, Boucherville, Gaétan Morin, 1995.

Résumé de rencontres (portfolio)

Étape	Défis de l'élève	Coup de pouce des parents	Commentaires de l'enseignante
1re			
Retour			
2e			
Retour			
3e			
Retour			
4e			
Retour			

Je communique les résultats

d'un projet ☐   *d'une recherche* ☐

Échelle d'appréciation

Avec beaucoup de difficulté	Avec un peu de difficulté	Facilement	Très facilement

1. Choisis la case qui te convient le mieux.

a) Je suis à l'aise pour communiquer.

b) Je m'exprime dans mes propres mots.

c) Je parle assez fort.

d) Je respecte le sujet.

e) Je tiens compte du public.

2. Je m'aperçois que je suis capable de…

_____

_____

3. Mon défi est :

_____

_____

4. Voici des moyens que je me donne pour y arriver :

_____

_____

Retour sur la démarche scientifique

1. Ce que je sais :

_____
_____
_____
_____
_____
_____

2. Ce que j'ai expérimenté :

_____
_____
_____
_____
_____
_____

3. Mon défi :

_____
_____
_____
_____
_____
_____

4. Mes moyens :

_____
_____
_____
_____
_____
_____

5. Je fais le lien entre la science et le quotidien :

_____
_____
_____
_____
_____
_____
_____
_____

Macarons à découper pour le babillard

 J'ai réussi à :

_____
Signature

Je peux maintenant faire :

_____
Signature

Je suis fière de moi parce que :

_____
Signature

Je suis fier de moi parce que :

_____
Signature

Moi et la lecture

Indique comment tu te sens dans chaque situation.

a) Je choisis un livre à la bibliothèque.

b) Je dois lire un texte à l'ordinateur.

c) Je dois lire un texte à une ou à un camarade.

d) Je dois lire un texte avec une ou un camarade.

e) Une ou un camarade m'aide pendant une lecture.

f) On me demande ce que je pense d'une lecture.

g) On me pose des questions après une lecture.

h) Je dois inventer la fin d'une histoire.

i) Je fais des activités de lecture.

Moi et la lecture
dans la vie de tous les jours

1. Indique comment tu te sens dans chaque situation.

a) Je reçois un livre en cadeau. ☺ ☹

b) Je vais à la bibliothèque. ☺ ☹

c) On m'abonne à un magazine. ☺ ☹

d) J'ai des livres intéressants à la maison. ☺ ☹

e) Je parle à mes camarades des livres que j'ai lus. ☺ ☹

f) Mes camarades me parlent des livres qu'ils ont lus. ☺ ☹

g) Je lis des lettres ou des cartes que je reçois. ☺ ☹

2. Combien de livres lis-tu par semaine ? _____

3. Écris les titres de deux livres que tu as beaucoup aimés.

| | |
| | |

Mon autoportrait

1. Je suis fière ou fier de moi, parce que :

_____
_____
_____
_____

2. Je découvre que je suis capable de :

_____
_____
_____
_____

3. Je veux savoir :

_____
_____
_____
_____

Vu et apprécié par l'enseignante _____

Signature de l'élève _____

Source : Inspiré d'une fiche conçue par Michèle CORBEIL, Martine DESBIENS, Libérata MUKARUGAGI.

Relevé des types de lecture
au cours d'un cycle

Pour chaque livre que tu lis:

a) détermine le genre littéraire auquel il appartient.

b) colorie une pastille dans cette catégorie.

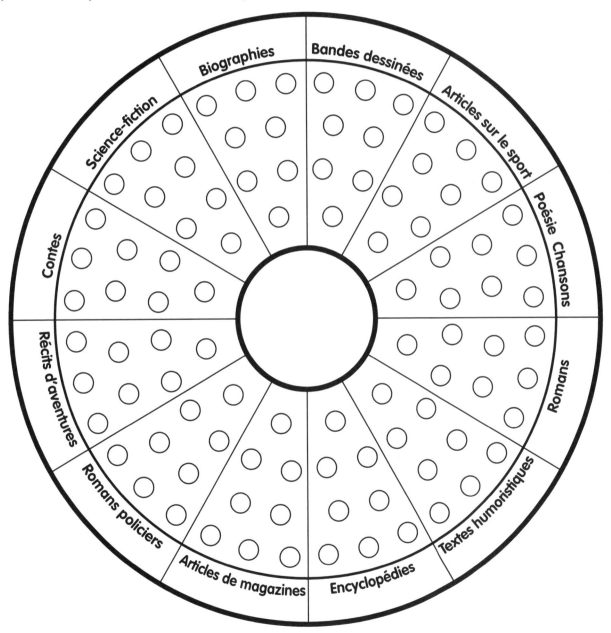

Source : Inspiré de Jocelyne GIASSON et Jacqueline THÉRIAULT, *Apprentissage et enseignement de la lecture*, éditions Ville-Marie, 1983.

Nom des élèves:

Ⓐ _____

Ⓑ _____

Date : _____

La coévaluation

1. **Je me rends compte que je préfère lire des...**

   Ⓐ _____

   Ⓑ _____

2. **Pourquoi préfères-tu ce type de livre ?**

   Ⓐ parce que _____

   Ⓑ parce que _____

3. **Propose-moi un livre que tu as déjà lu.**

   Ⓐ _____

   Ⓑ _____

   Pour la prochaine étape, je vais tenter de le lire.

4. **Mon intention en lecture :**

   Ⓐ _____

   Ⓑ _____

Mes défis de la _____ étape

1. Face à mes apprentissages

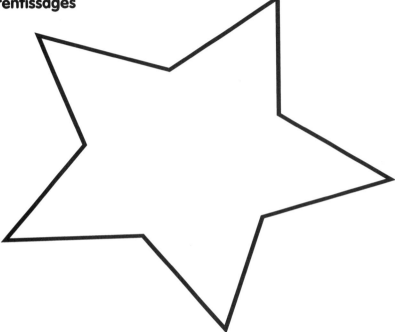

2. Face à mes attitudes

Commentaires de l'enseignante s'il y a lieu : _____

_____

_____

Mes défis

J'y réfléchis avec mon enseignante.

a) En lecture :

Moyens pour y arriver

b) En écriture :

Moyens pour y arriver

c) En mathématiques :

Les nombres

La géométrie

La démarche

Moyens pour y arriver

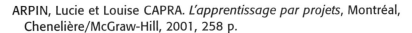

Bibliographie

ARPIN, Lucie et Louise CAPRA. *L'apprentissage par projets*, Montréal, Chenelière/McGraw-Hill, 2001, 258 p.

ASTOLFI, Jean-Pierre. *L'erreur un outil pour enseigner*, coll. Pratiques et enjeux pédagogiques, Paris, ESF éditeurs, 1997, 117 p.

BÉLAIR, Louise. *L'évaluation dans l'école*, Paris, ESF, 1999, 128 p.

BISSONNETTE, Steve et Mario RICHARD. *Comment construire des compétences en classe*, Montréal, Chenelière/McGraw Hill, 2001, 138 p.

BONNIOL (1986), cité dans André de PERETTI et coll. *Encyclopédie de l'évaluation en formation et en éducation*, Paris, ESF éditeur, 1998, 556 p.

BOURQUE, L., H. DANSEREAU et L. MUKARUGAGI. *Atelier de sensibilisation au portfolio*, Cahier de formation, Sous-comité de la table de mesure et évaluation de la Montérégie, mai 1997.

BOURQUE, L., L. THÉRIAULT et L. MUKARUGAGI. *Évaluation formatrice*, Sous-comité de la table de mesure et évaluation de la Montérégie, mars 2000, 52 p.

BUZAN, Tony. *Dessine-moi l'intelligence*, Les éditions d'organisation, 1993, 317 p.

CAMPBELL, B. *Les intelligences multiples : guide pratique*, Montréal, Chenelière/McGraw-Hill, 1999, 159 p.

CARON, Jacqueline. *Quand revient septembre*, Montréal, Chenelière/McGraw-Hill, 1994, 464 p.

DE VECCHI, Gérard. *Aider les élèves à apprendre*, Paris, Hachette Éducation, Pédagogies pour demain, Nouvelles approches, 1992, 221 p.

FARR, R. et B. TONE. *Le portfolio au service de l'apprentissage et de l'évaluation*, adaptation française de P. Jalbert, Montréal, Chenelière/McGraw-Hill, 1994, 200 p.

FORGETTE-GIROUX, Renée et Marielle SIMON. *Une nouvelle façon d'évaluer le progrès de l'élève : Le dossier d'apprentissage*, ADMÉÉ 19e session d'études (document des participants à la présession), 1997.

GIASSON, Jocelyne. *La lecture, de la théorie à la pratique*, Boucherville, Gaëtan Morin Éditeur, 1995, 334 p.

GOUPIL, Georgette. *Portfolios et dossiers d'apprentissage*, Montréal, Chenelière/McGraw-Hill, 1998, 78 p.

GREENE, B. *Nouveaux paradigmes pour la création d'écoles qualité*, adaptation française de G. Sirois, Montréal, Chenelière/McGraw-Hill, 1997, 135 p.

HADJI, Charles. *L'évaluation : règles du jeu*, Paris, ESF éditeur, 1989, 192 p.

HADJI, Charles. *L'évaluation démystifiée*, Paris, ESF éditeur, 1997, 126 p.

HOWDEN, Jim et Marguerite KOPIEC. *Structurer le succès*, Montréal, Chenelière/McGraw-Hill, 1999, 184 p.

JASMIN, Danielle. *Le conseil de coopération*, Montréal, Chenelière/McGraw-Hill, 1994, 122 p.

LAPORTE, Danielle et Lise SÉVIGNY. *Comment développer l'estime de soi de nos enfants*, Montréal, Hôpital Sainte-Justine, 1993, 109 p.

LASNIER, François. *Réussir la formation par compétences*, Montréal, Guérin, 2000, 485 p.

LEGENDRE, Renald. *Dictionnaire actuel de l'éducation*, 2e édition, Montréal, Guérin, 1993, 1500 p.

LEBLANC, Raymond. «Une difficulté d'apprentissage sous la lentille du modèle des intelligences multiples», *Éducation et francophonie* (revue scientifique virtuelle), (page consultée en mars 2002), [en ligne], http://www.acelf.ca/revue.

LOUIS, Rolland. *L'évaluation des apprentissages en classe : théorie et pratique*, Études vivantes, 1999, 212 p.

MARZANNO et coll. (1988) cités dans André de PERETTI et coll. *Encyclopédie de l'évaluation en formation et en éducation*, Paris, ESF éditeur, 1998, 556 p.

MINISTRY OF EDUCATION OF BRITISH COLUMBIA. *Autoévaluation de l'élève*, Victoria (Colombie-Britannique), Bureau des programmes de langue française, 1994, 28 p.

MINISTRY OF EDUCATION OF BRITISH COLUMBIA. *Évaluation du portfolio*, Victoria (Colombie-Britannique), Bureau des programmes de langue française, 1994, 22 p.

MINISTRY OF EDUCATION OF BRITISH COLUMBIA. *Évaluation du rendement scolaire*, Victoria, (Colombie-Britannique), Bureau des programmes de langue française, 1994, 24 p.

MINISTRY OF EDUCATION OF BRITISH COLUMBIA. *Rencontres centrées sur l'élève*, Victoria (Colombie-Britannique), Bureau des programmes de langue française, 1994, 26 p.

MUKARUGAGI, Libérata. «L'évaluation des apprentissages : où en sommes-nous ?», *Québec français*, automne 1998.

MUKARUGAGI, Libérata et coll. *Évaluation formatrice des compétences en lien avec l'apprentissage par projet*, Table de mesure et évaluation de la Montérégie, mars 2000.

NUNZIATI, Georgette. «Pour construire un dispositif d'évaluation formatrice», *Cahiers pédagogiques*, 1990.

NUNZIATI, Georgette. «Pour évaluer une formation», *Cahier d'évaluation*, no 2, Sèvres, CIEP, 1987, p. 41-57.

PERETTI, André de et collaborateurs. *Encyclopédie de l'évolution en formation et en éducation*, Paris, ESF éditeur, 1998, 556 p.

PERRENOUD, Philippe. *L'évaluation des élèves*, Paris, De Boeck Université, 1998, 219 p.

ROBERT, W. Reasoner. *Comment développer l'estime de soi*, Alberta, Psychometries Canada, 1995, 74 p.

SAINT-LAURENT, L. et collaborateurs. *Programme d'intervention auprès des élèves à risque*, Boucherville, Gaëtan Morin, 1995, 297 p.